ESSENTIAL ELEMENTS

para banda

MÉTODO DE BANDA COMPRENSIVO

TIM LAUTZENHEISER • JOHN HIGGINS • CHARLES MENGHINI
PAUL LAVENDER • TOM C. RHODES • DON BIERSCHENK
Traducido al español por Sara Denlinger

Banda es...

Manifestando arte musical con una familia de amistades
Utilizando nuestra dedicación para crear éxito
Superarse a través de las alegría en trabajar unidos
Individuos expresándose en un idioma universal
Creatividad - expresándote en un idioma universal
Actualizando la unión de varias personas y culturas

Banda es...**MÚSICA!**

¡A Tocar la música!
Tim Lautzenheiser

HISTORIA DEL SAXOFÓN TENOR

En la década de 1840, Adolphe Sax inventó la familia de los saxofones. En la banda de conciertos actual, los saxofones tocan armonías y se mezclan con otros instrumentos de la banda. Los saxofones también son instrumentos muy populares en el jazz y como instrumentos solistas.

La familia de los saxofones incluye el saxofón soprano en Si bemol (B♭), saxofón alto en Mi bemol (E♭) (el más común), saxofón tenor en Si bemol (B♭), saxofón barítono en Mi bemol (E♭) y saxofón bajo en Si bemol (B♭). La digitación es prácticamente la misma en todos los saxofones, lo que hace posible tocar cualquier saxofón.

John Philip Sousa escribió para saxofones en sus composiciones para banda. Bizet, Ravel, Debussy y Prokofiev incluyeron saxofones en sus obras orquestales. Los arreglos de jazz de Duke Ellington definieron en gran medida el sonido único de los instrumentos, tanto en interpretación solista como en conjunto.

Algunos intérpretes famosos de saxofón tenor son Eugene Rousseau, Sigurd Rascher, Branford Marsalis, John Coltrane, Michael Brecker y Chris Potter.

Para crear una cuenta, visite:
www.essentialelementsinteractive.com

Codigo de activacion de estudiante
E1TS-ES85-6270-2169

ISBN 979-8-35015931-8

LO BÁSICO

Postura

Siéntate en el borde de tu silla y manten siempre tu:

- Columna vertebral recta y alta
- Hombros hacia atrás y relajado
- Pies apoyados en el suelo

Respiración y corriente de aire

Respirar es algo natural que todos hacemos constantemente. Para descubrir la corriente de aire correcta para tocar su instrumento:

- Coloca la palma de tu mano cerca de tu boca.
- Inhala profundamente por las comisuras de la boca, manteniendo los hombros firmes. Tu cintura debe expandirse como un globo.
- Susurra lentamente "tu" mientras exhalas gradualmente aire en la palma de tu mano.

El aire que sientes es la corriente de aire. Produce sonido a través del instrumento. La lengua es como un grifo o una válvula que libera la corriente de aire.

Cómo producir el sonido esencial

Tu embocadura (se pronuncia "am-bo-cu-ra") es la posición de tu boca sobre la boquilla del instrumento. Una buena embocadura requiere tiempo y esfuerzo, así que sigue cuidadosamente estos pasos para lograrlo:

Colocación de la caña ▶

- Coloca el extremo fino de la caña en tu boca para humedecerla completamente.
- Mirando el lado plano de la boquilla, los tornillos de la abrazadera deben quedar a tu derecha. Desliza la abrazadera hacia arriba con el pulgar.
- Coloca el lado plano de la caña contra la boquilla, debajo de la abrazadera.
- Baja la abrazadera y ajusta la caña de manera que solo se vea una línea muy fina de la boquilla por encima de la caña.
- Aprieta suavemente los tornillos de la abrazadera.

Embocadura

- Humedece tus labios y enrolla el labio inferior sobre los dientes inferiores.
- Centra la boquilla sobre tus labios y colócala en la boca aproximadamente 1.3 cm (medio pulgada).
- Coloca los dientes superiores directamente sobre la boquilla. La caña descansa sobre el labio inferior, encima de los dientes.
- Cierra la boca alrededor de la boquilla, como si fuera una banda elástica. Tus músculos faciales deben apoyar y amortiguar los labios sobre la boquilla.

Cuidando tu instrumento

Antes de guardar tu instrumento en su estuche después de tocar, haz lo siguiente:

- Quita la caña, límpiala, elimina el exceso de humedad y devuélvela al estuche de cañas.
- Retira la boquilla y limpia el interior con un paño limpio. Una vez por semana, lava la boquilla con agua tibia del grifo. Sécala completamente.
- Afloja el tornillo del tudel y retíralo. Sacude el exceso de humedad y sécalo con un limpiador de tudel.
- Deja caer el peso de una gamuza un hisopo de algodón dentro del pabellón. Pasa el hisopo a través del cuerpo varias veces. Guarda el instrumento en su estuche.
- Tu estuche está diseñado para contener solo objetos específicos. Si intentas forzar otros objetos dentro, podrías dañar tu instrumento.

Entrenamiento con boquilla

Forma la embocadura alrededor de la boquilla y respira profundamente sin levantar los hombros. Susurra "tu" y exhala gradualmente toda tu corriente de aire. Esfuérzate por tener un tono uniforme.

▶ *Consulta el interior de la portada para obtener información sobre cómo acceder a los videos instructivos.*

Reuniéndolo todo

Si acabas de tocar el EJERCICIO DE BOQUILLA, comienza retirando cuidadosamente la caña. De lo contrario, saca la caña de su estuche.

Paso 1 Coloca cuidadosamente el extremo delgado de la caña en tu boca para humedecerla bien. Aplica una pequeña cantidad de grasa para corcho en el corcho del tudel, si es necesario. Ten las manos limpias.

Paso 2 Sujeta el cuerpo del saxofón cerca de su extremo superior y quita el tapón final. Afloja el tornillo del tudel y gira suavemente el tudel dentro del cuerpo. Ten cuidado de no doblar ninguna llave. Aprieta el tornillo del tudel.

Paso 3 Gira cuidadosamente la boquilla sobre el tudel de modo que aproximadamente la mitad del corcho quede descubierta. Coloca la caña sobre la boquilla (ver página 2).

Paso 4 Coloca la correa para el cuello alrededor de tu cuello y engancha el gancho al anillo que está en la parte trasera del saxofón. Ajusta la longitud de la correa para que puedas poner la boquilla en tu boca cómodamente.

Paso 5 Coloca tu pulgar derecho debajo del apoyo para el pulgar. Pon tu pulgar izquierdo en diagonal sobre el apoyo para el pulgar izquierdo. Tus dedos deben curvarse de forma natural. Sostén el instrumento como se muestra.

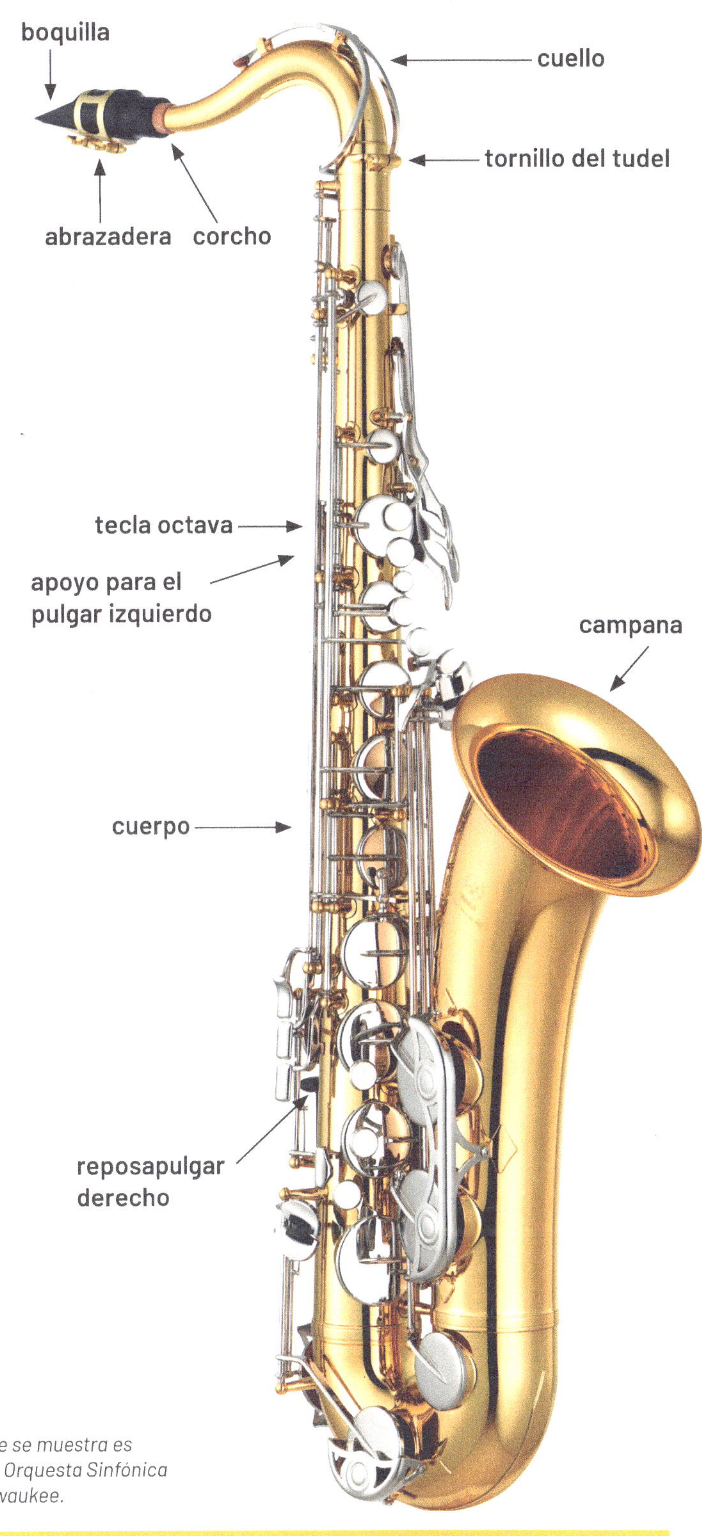

Estudiante que se muestra es miembro de la Orquesta Sinfónica Juvenil de Milwaukee.

LECTURA DE MÚSICA

Identifica y dibuja cada uno de estos símbolos:

Pentagrama

El Pentagrama de Música tiene 5 líneas y 4 espacios donde se escriben notas y silencios.

Lineas adicionales

Las líneas adicionales amplían el pentagrama musical. Las notas en las líneas adicionales pueden estar por encima o por debajo del pentagrama.

Compases y lineas divisoras

Compás *Compás*

Las líneas divisorias

Las líneas divisorias dividen el pentagrama musical en compases.

Clarificación: La palabra compás también se refiere a la fracción numérica que aparece al principio de una canción para indicar cuantos pulsos se encuentran en un compás (el espacio entre las lineas divisoras), pero ese concepto será explicado con mas detalle después en este libro.

Tono largo

Para empezar, usaremos una nota especial de "Tono Largo". Mantén el tono hasta que tu profesor te diga que descanses. Practica tonos largos todos los días para desarrollar tu sonido.

1. La primera nota

Mantén cada tono largo hasta que tu profesor(a) te diga que descanses

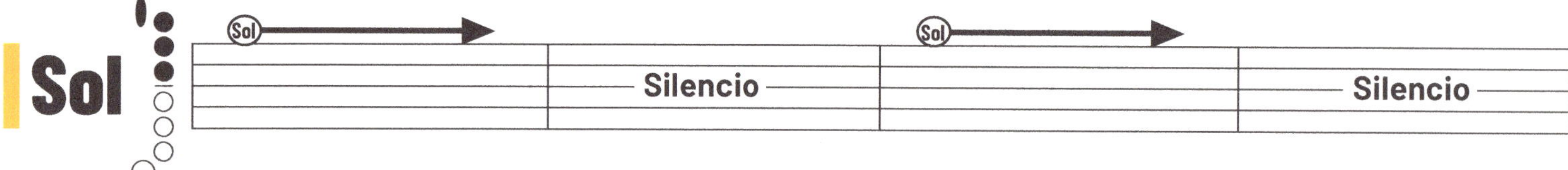

▲ *Para tocar Sol, coloque sus manos sobre las teclas como indicado.*

El Ritmo

El **ritmo** es el pulso de la música y, como los latidos del corazón, debe permanecer muy constante. Contando en voz alta y dando golpecitos con los pies nos ayuda a mantener un ritmo constante. Golpea suavemente con el pie hacia **abajo** cada número y hacia **arriba** en cada "y."

Un pulso = 1 y
↓ ↑

Notas y Silencios

Las **notas** nos dicen cuales tonos tocan (alto o bajo) dependiendo en donde aparecen en el pentagrama musical, y también nos dice que duración darles dependiendo en su forma (negra, blanca redonda, etc.). Los **silencios** indican la duración de descanso.

Nota negra = 1 pulso de sonido

Silencio de la negra = 1 pulso de silencio

2. Cuenta y toca

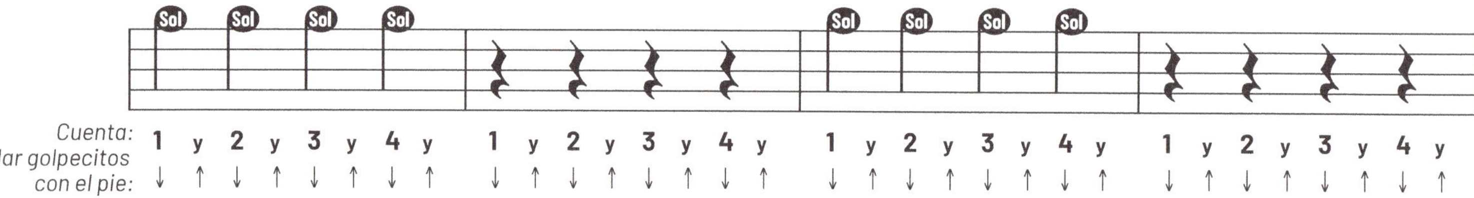

3. Una nota nueva *Busca el diagrama de las digitaciones debajo de cada nota.*

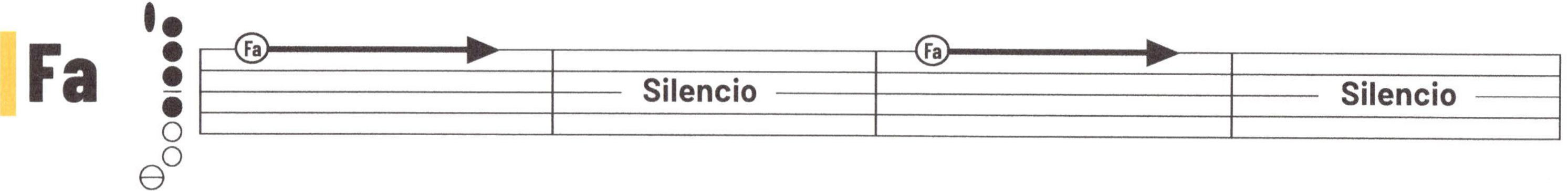

4. Dos son un equipo

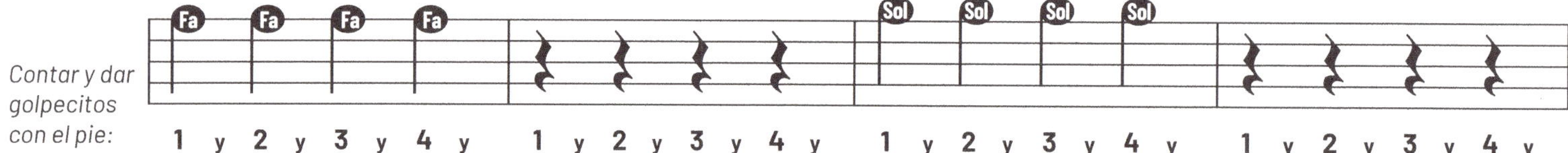

5. Hacia abajo

Practica tonos largos sobre cada nota nueva

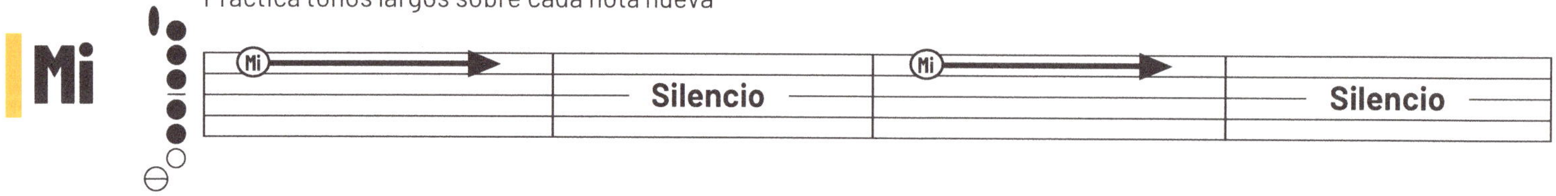

6. Avanzando hacia arriba

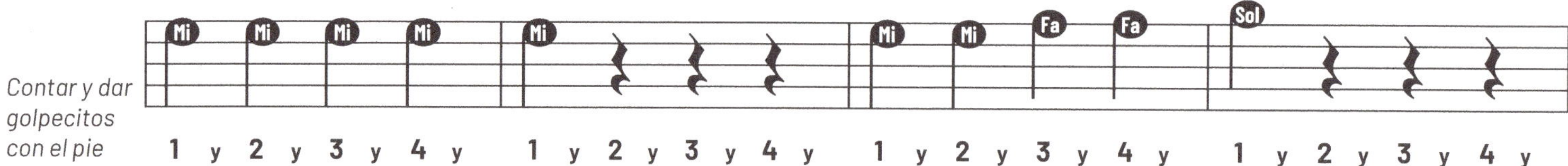

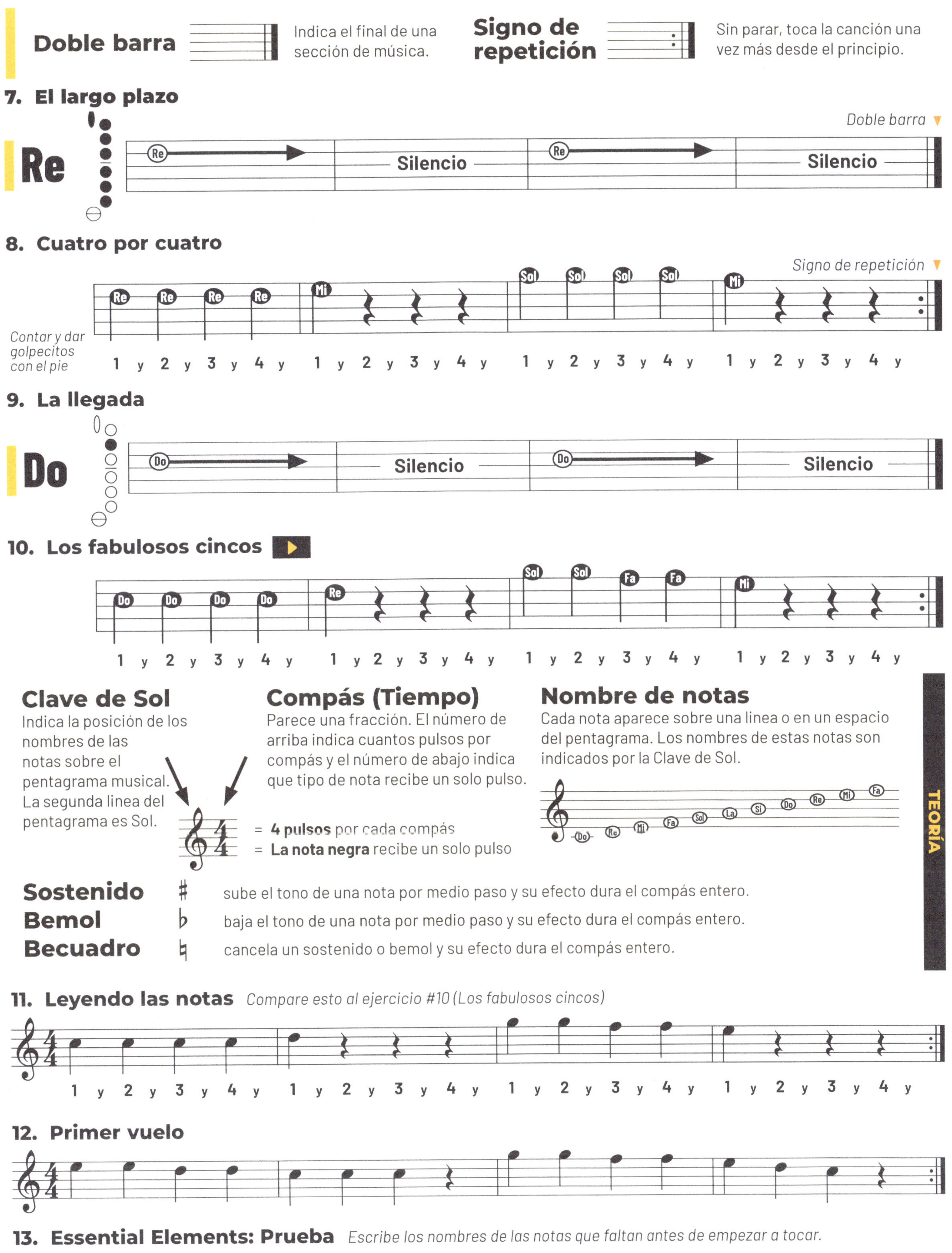
Doble barra
Indica el final de una sección de música.
Signo de repetición
Sin parar, toca la canción una vez más desde el principio.
7. El largo plazo
Re
Doble barra
Re
Silencio
Re
Silencio
8. Cuatro por cuatro
Signo de repetición
Re Re Re Re
Mi
Sol Sol Sol Sol
Mi
Contar y dar golpecitos con el pie
1 y 2 y 3 y 4 y 1 y 2 y 3 y 4 y 1 y 2 y 3 y 4 y 1 y 2 y 3 y 4 y
9. La llegada
Do
Do
Silencio
Do
Silencio
10. Los fabulosos cincos
Do Do Do Do
Re
Sol Sol Fa Fa
Mi
1 y 2 y 3 y 4 y 1 y 2 y 3 y 4 y 1 y 2 y 3 y 4 y 1 y 2 y 3 y 4 y
Clave de Sol
Indica la posición de los nombres de las notas sobre el pentagrama musical. La segunda linea del pentagrama es Sol.
Compás (Tiempo)
Parece una fracción. El número de arriba indica cuantos pulsos por compás y el número de abajo indica que tipo de nota recibe un solo pulso.
= 4 pulsos por cada compás
= La nota negra recibe un solo pulso
Nombre de notas
Cada nota aparece sobre una linea o en un espacio del pentagrama. Los nombres de estas notas son indicados por la Clave de Sol.
Do Re Mi Fa Sol La Si Do Re Mi Fa
TEORÍA
Sostenido ♯ sube el tono de una nota por medio paso y su efecto dura el compás entero.
Bemol ♭ baja el tono de una nota por medio paso y su efecto dura el compás entero.
Becuadro ♮ cancela un sostenido o bemol y su efecto dura el compás entero.
11. Leyendo las notas Compare esto al ejercicio #10 (Los fabulosos cincos)
1 y 2 y 3 y 4 y 1 y 2 y 3 y 4 y 1 y 2 y 3 y 4 y 1 y 2 y 3 y 4 y
12. Primer vuelo
13. Essential Elements: Prueba Escribe los nombres de las notas que faltan antes de empezar a tocar.
EE

Do Re Mi ___ ___ ___ ___ ___ ___ ___ ___ ___ ___ ___

Notas en repaso

Memoriza la posición de los dedos (digitaciones) para las notas que has aprendido

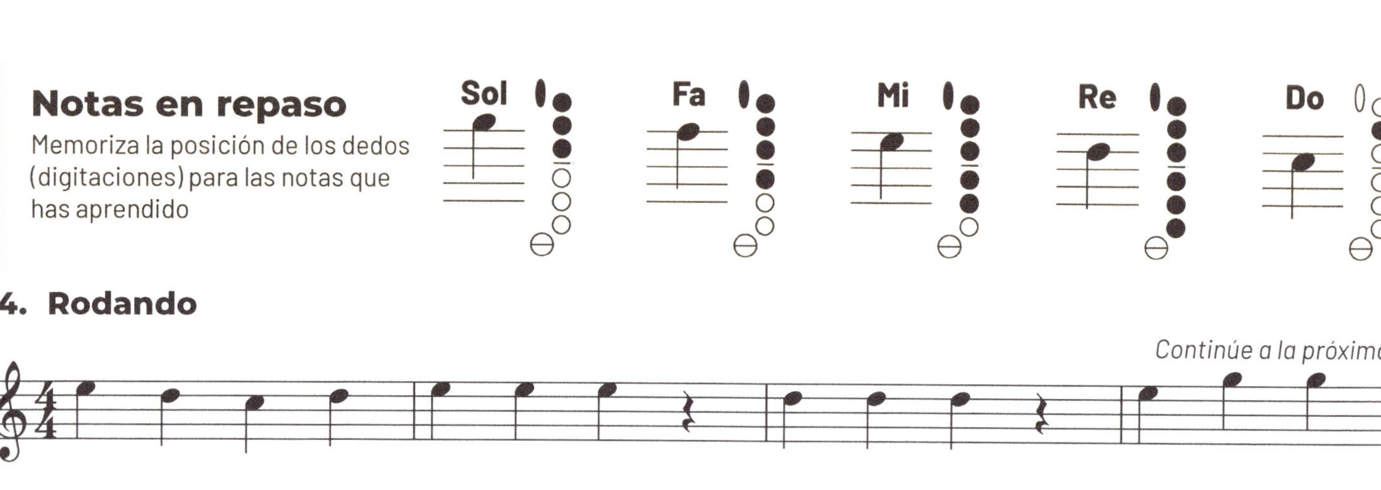

14. Rodando

La nota blanca

= 2 pulsos

1 y 2 y

El silencio de la blanca

= 2 pulsos de silencio

1 y 2 y

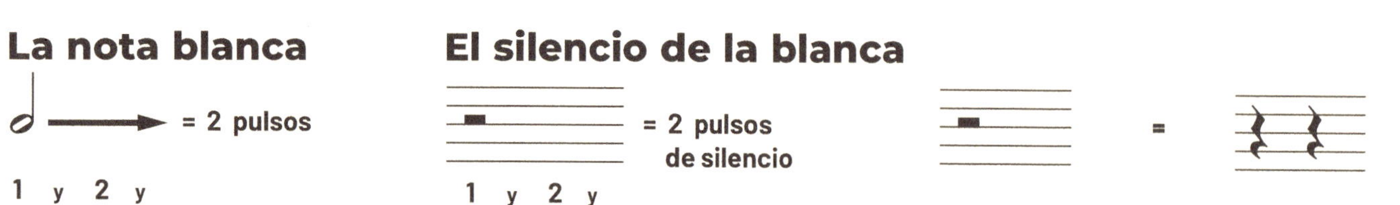

15. Rap de ritmo *Tocar el ritmo con palmadas mientras contando y dando golpecitos.*

16. La blanca cuenta

17. Panecitos calientes *Revisa tu embocadura y pocisión de las manos*

Signo de respiración

Respira profundamente por la boca después de tocar una nota completa.

18. Díselo a tía Rhodie

Canción folclórica estadounidense

19. Essential Elements: Prueba *Usando los nombres de las notas y los ritmos que aparecen debajo, dibuja tus notas en el pentagrama antes de empezar a tocar.*

La nota redonda

1 y 2 y 3 y 4 y

El silencio de la redonda

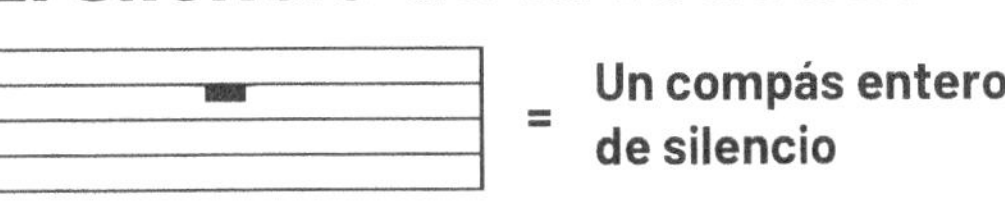

= Un compás entero de silencio

1 y 2 y 3 y 4 y

El silencio de la redonda

aparece suspendido de una línea del pentagrama

El silencio de la Blanca

aparece suspendido de una línea del pentagrama

20. Rap de ritmo *Tocar el ritmo con palmadas mientras contando y dando golpecitos.*

21. La redonda entera

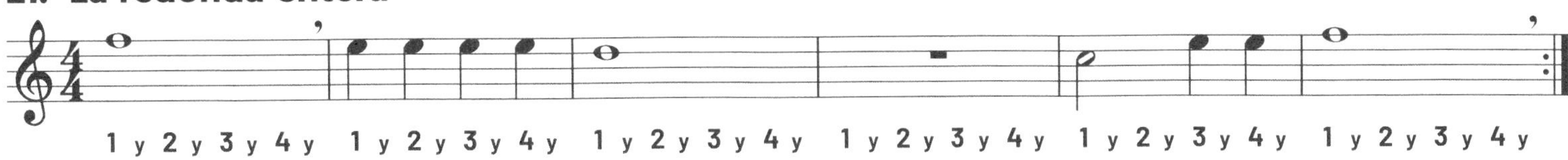

Dúo

Una composición con dos tocados juntos diferentes.

22. Decisión dividida – dùo

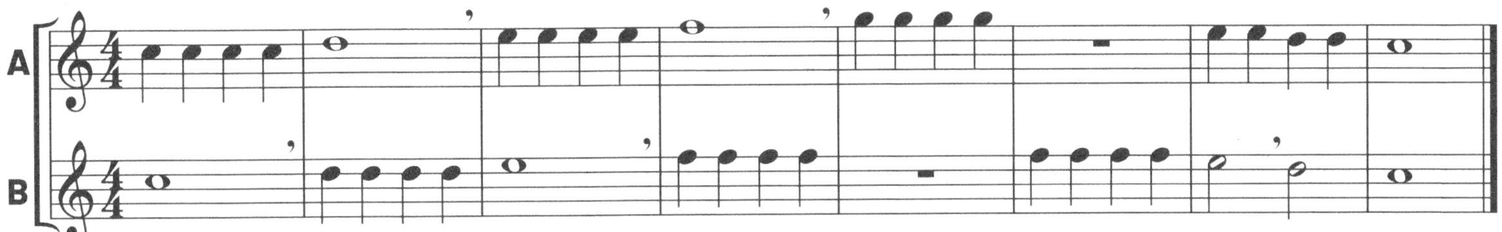

Armadura

La armadura de clave nos indica qué notas deben tocarse con sostenidos (♯) o bemoles (♭) a lo largo de la pieza musical. Tu armadura de clave indica la tonalidad de Do (sin sostenidos ni bemoles).

TEORÍA

23. Pasos de marcha

24. Escuchar a nuestras secciones

25. Suavemente rema

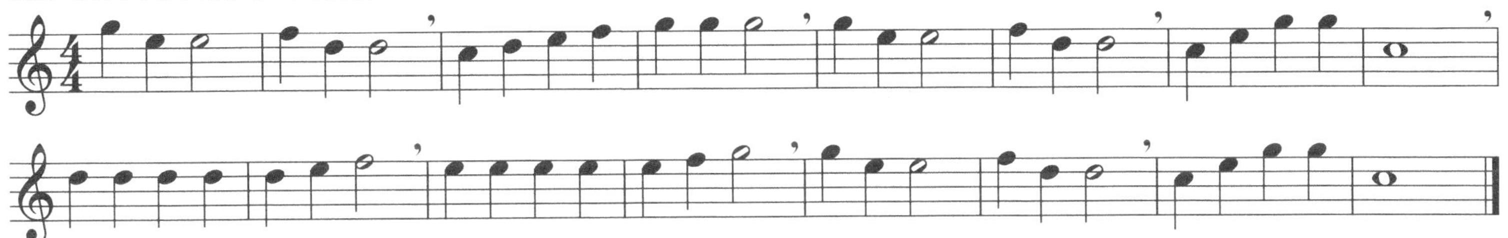

26. Essential Elements: Prueba *Dibuja las líneas que dividen cada compás antes de empezar a tocar.*

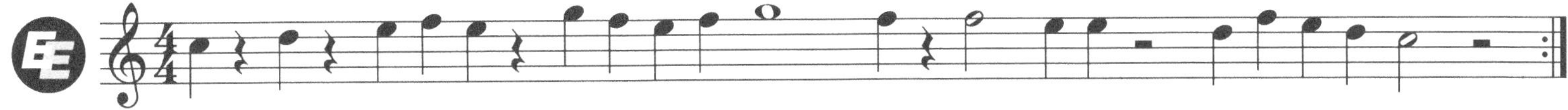

Calderón

Sostener la nota (o silencio) por más tiempo que lo normal.

27. Llegando más alto – nota nueva

Practica tonos largos sobre cada nota nueva.

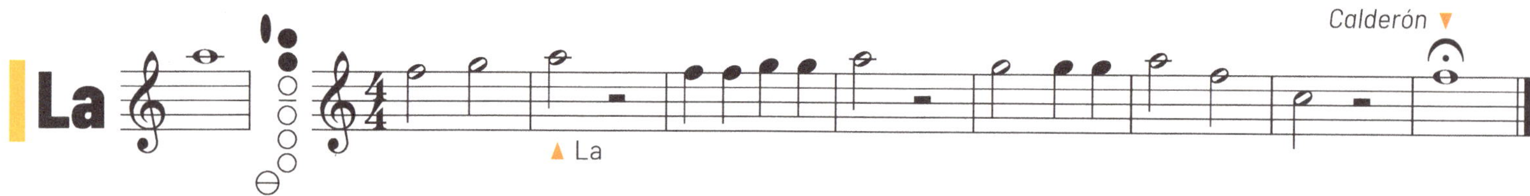

28. El claro de la luna

Canción folclórica francesa

29. Remezcla

TEORÍA

Armonía

Dos o más notas tocadas juntas; Cada combinación forma un acorde.

30. El puente de Londres – dúo

Canción folclórica inglesa

HISTORIA

Compositor Austriaco **Wolfgang Amadeus Mozart** (1756–1791) fué un niño prodigio quien empezó tocando música profesionalmente a los seis años y vivió durante el tiempo de la revolución americana. La música de Mozart es muy melódica e imaginativa. Escribió mas de 600 composiciones durante su corta vida, incluyendo una pieza para el piano basado en la famosa canción, "Twinkle, Twinkle, Little Star."

31. Una melodía de Mozart

Adaptación

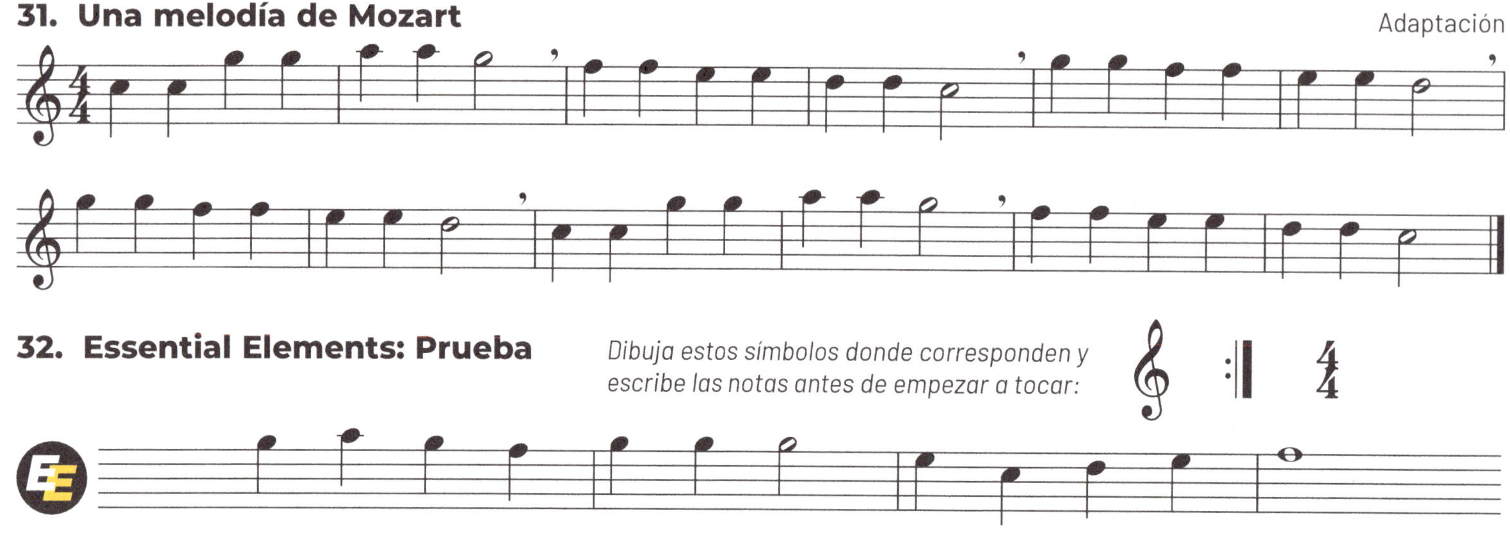

32. Essential Elements: Prueba

Dibuja estos símbolos donde corresponden y escribe las notas antes de empezar a tocar:

33. Bolsillos profundos – nota nueva

34. "Doodle" todo el día

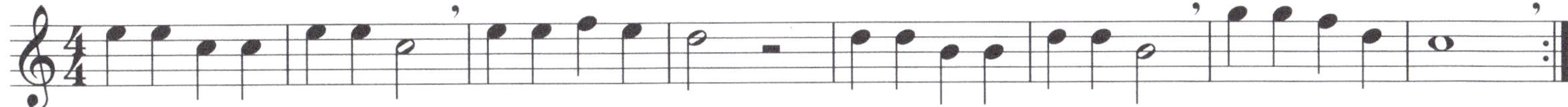

35. Brinca soga

Notas preparatorias

Una o más nota(s) que vienen antes del primer compás *completo*.
Los pulsos de las notas preparatorias son removidos del último compás.

36. A-tisket, a-tasket

Indicadores de dinámicas

f - *forte* (tocar fuertemente) ***mf*** - *mezzo forte* (tocar en volumen nivel mediana)
p - *piano* (tocar suavemente)
Recuerda usar soporte de respiración completo para controlar tu tono en todos niveles dinámicas

37. Fuerte y suave

Palmadas

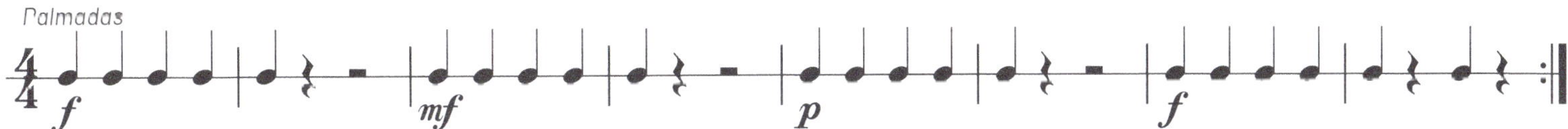

38. Cascabeles *Mantén tus dedos cerca al teclado, curveados naturalmente.*

J. S. Pierpont

39. Mi dreydl *Utilice soporte completo de respiración en cada nivel dinámica.*

Canción tradicional de Hanukkah

Notas Corcheas

Cada nota corchea= 1/2 pulso
Dos notas corcheas= 1 pulso
Tocar una nota en cada mitad del pulso (el golpe en el piso y hacia arriba)

Dos o más notas corcheas son conectadas por una viga horizontal que atraviesa las plicas.

40. Rap de ritmo *Tocar el ritmo con palmadas mientras contando y dando golpecitos.*

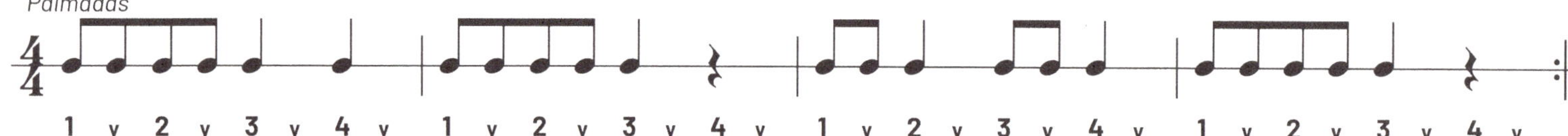

41. "Jam" de corcheas

42. Saltar hacia mi Luis

Canción folclórica estadounidense

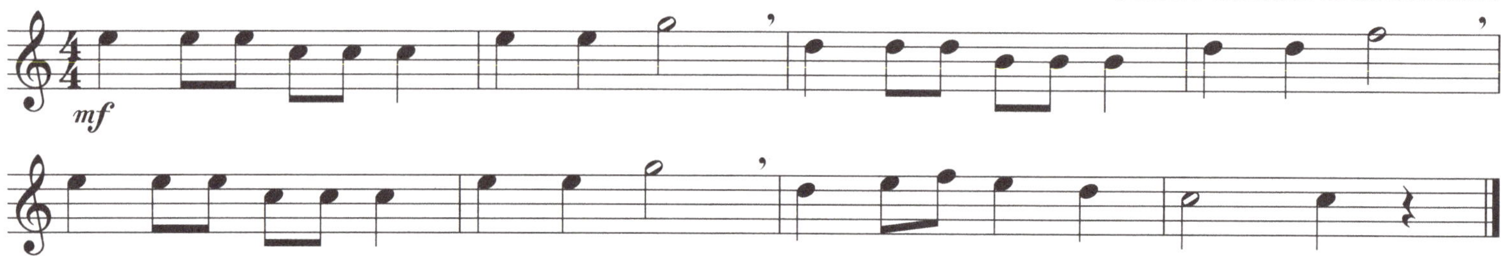

43. Hace mucho, mucho tiempo *Una buena postura mejora tu tono. Siempre siéntate derecho/a.*

44. Rock de Montaña Caramelo

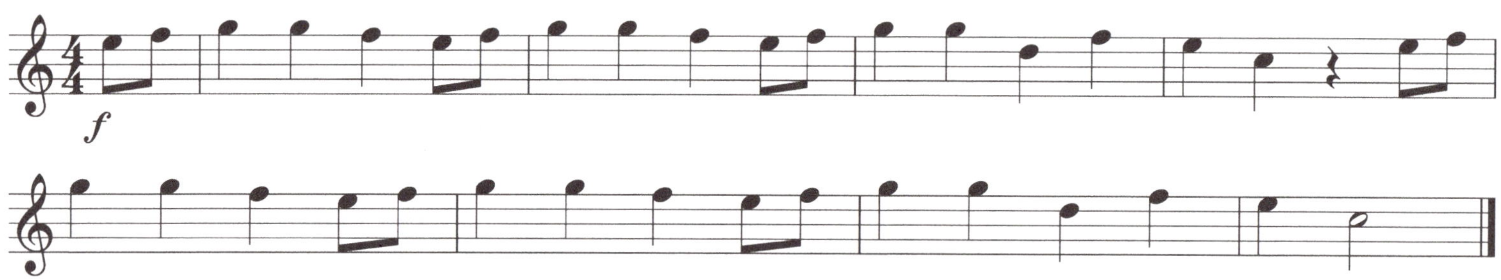

HISTORIA

Compositor Italiano **Gioachino Rossini** (1792–1868) empezó a escribir música en su adolescencia y era muy competente tocando el piano, la viola y el corno. Rossini compuso "William Tell" a los 37 años como su último de sus 40 óperas, y su tema familiar se oye todavía en televisión y radio.

45. Essential Elements: Prueba – William Tell

Gioachino Rossini

Compás de $\frac{2}{4}$

= **2 pulsos** por cada compás
= **Nota negra** vale 1 pulso

Dirigiendo

Practica dirigir este patrón de dos pulsos

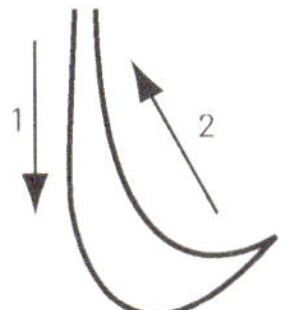

46. Ritmo rap

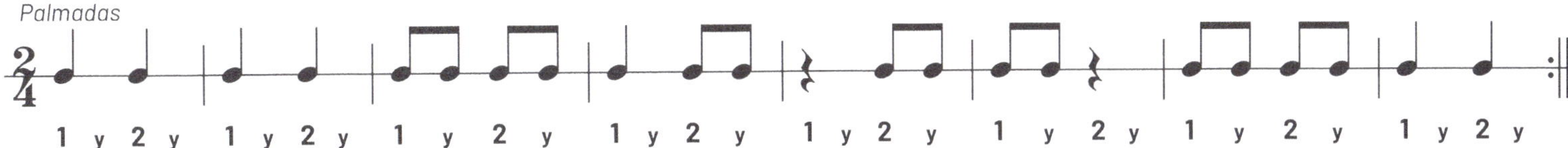

47. De dos en dos

Indicadores de tempo

"Tempo" es la velocidad de la música. Marcas de tempo generalmente se escriben sobre el pentagrama, en italiano.

Allegro – Tempo rápido **Moderato** – Tempo mediana **Andante** – Ritmo de marcha o caminar más lento

48. Marcha de cadetes secundarios

John Philip Sousa

49. ¡Oye! Nadie esta en casa – nota nueva

Dinámicas

Crescendo
(gradualmente aumentando el volumen)

Decrescendo o *Diminuendo*
(gradualmente reduciendo el volumen)

50. Toca las dinámicas con palmadas

Palmadas

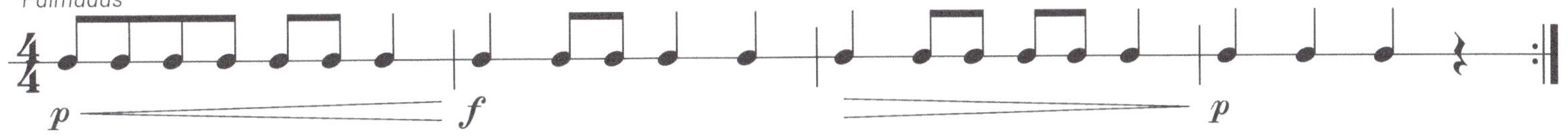

51. Toca las dinámicas

¿Buscas más música divertida para tocar? Consulte la portada interior para obtener instrucciones sobre cómo acceder a las canciones adicionales populares y recientes.

RENDIMIENTO DESCATADO

52. Calentamientos

Desarrollador de tono

Estudio de ritmo

Rap de ritmo

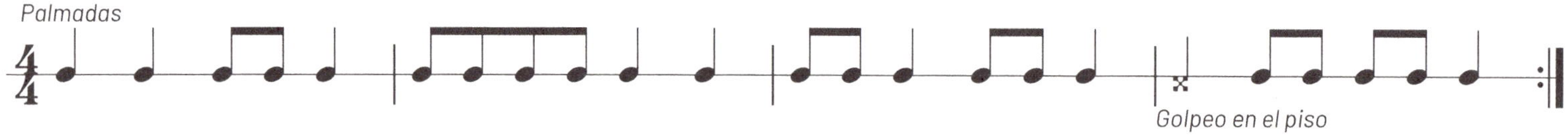

Coral

53. Aura Lee – dúo o arreglo para banda

(Parte A = Melodia, Parte B = Armonia)

George R. Poulton

54. Frère Jacques – Canon *(Cuando el grupo A llega a ②, el grupo B comienza en ①)*

Canción folclórica francesa

RENDIMIENTO DESCATADO

55. Cuando los santos entran marchando – arreglo de banda

Arr. por John Higgins

Allegro

3 ◄ *Número de compás*

mf

11

f

19

56. Viejo MacDonald tenía una banda – presentación para secciones

Allegro

mf

9

Segunda vez continúa al compás 13 ▼

f

p

13

f

57. Himno a la alegría (de la Sinfonía n.° 9)

Ludwig van Beethoven
Arr. por John Higgins

Moderato

mf

9

p

13

f

58. Blues de "rock" duro – bis

John Higgins

Allegro

f

Ligadura

Una línea curva que conecta notas del mismo tono.
Toca una nota durante el tiempo total de las notas.

59. Listo para ser ligados

60. Alouette

Canción folclórica francocanadiense

Nota blanca con puntillo

61. Alouette – la secuela

Canción folclórica francocanadiense

62. Está lloviendo

63. Rumbos nuevos – nota nueva

Para tocar notas más bajas, sopla suavemente y dirige la corriente de aire en una dirección mas baja hacia el orificio de la embocadura.

64. Los nobles

Utilice siempre un flujo de aire completo. Mantenga los dedos sobre las teclas, con curvatura natural.

65. Essential Elements: Prueba

3/4 Compás (Tiempo)

3/4 = **3 pulsos** por cada compás
= **Nota Negra** recibe un pulso

Dirigiendo

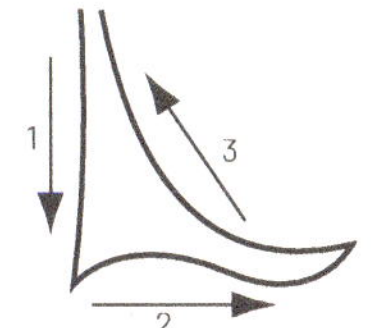
Practica dirigir esta patrón de 3 pulsos

TEORÍA

66. Ritmo rap

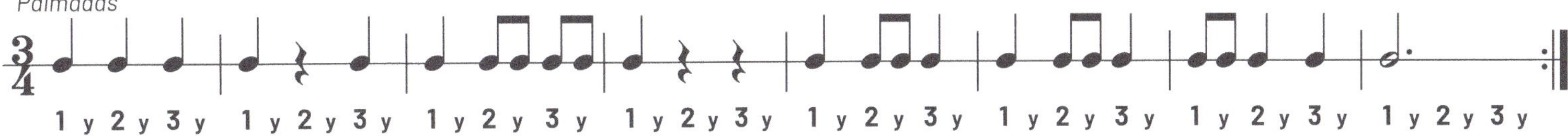

67. Jam de tres pulsos

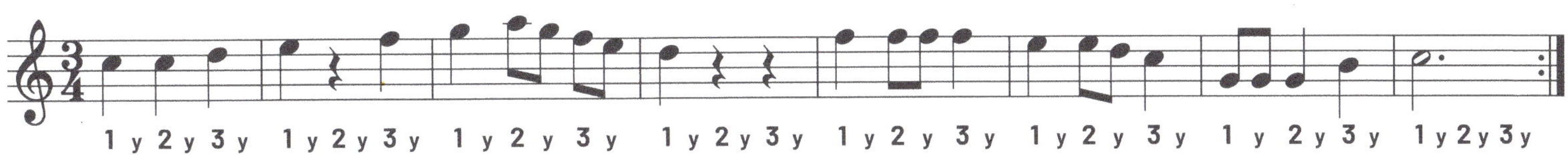

68. Barcarolle

Jacques Offenbach

HISTORIA

El compositor noruego **Edvard Grieg** (1843-1907) escribió *Peer Gynt Suite* para una obra de teatro de Henrik Ibsen en 1875, un año antes de que el teléfono fue inventado por Alexander Graham Bell. "Morning" es una melodía de *Peer Gynt Suite*. La música utilizada en obras de teatro o películas se denomina **música incidental**.

69. Mañana (Peer Gynt)

Edvard Grieg

Signo de acentuación

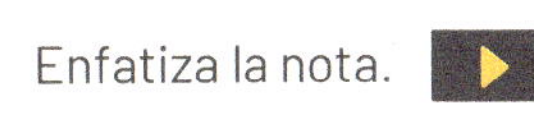
Enfatiza la nota.

70. Acentúa tu talento

La música latinoamericana tiene sus raíces en las culturas africana, nativa americana, española y portuguesa. Esta diversa música se caracteriza por vibrantes acompañamientos de tambores y otros instrumentos de percusión como maracas y claves. La música latinoamericana continúa influyendo la música de jazz, clásica y los estilos populares. "Chiapanecas" es una popular canción infantil de baile y juego.

71. Chiapanecas

Canción folclórica latinoamericana

72. Creatividad Esencial

Compone tu propia música para los compases 3 y 4 utilizando este ritmo:

TEORÍA

Alteración

Cualquier signo sostenido, bemol o natural que aparece en la música sin estar en la armadura se llama una **alteración**.

Bemol ♭

Un **bemol** baja el tono de una nota por medio tono. La nota Si bemol suena medio tono por debajo de Si, y todas las notas Si se convierten en Si bemol durante el resto del compás donde aparecen.

73. Panecitos calientes – nota nueva

74. Baile cosaca

75. Blues básico – nota nueva

TEORÍA

Armadura Nueva

Esta armadura indica la tonalidad de Fa mayor – toca todos los Si como Si bemol

Primeras y Segundas Terminaciones

Toca la sección repetida hasta el final de la Primera Terminación. Repite la sección indicada, omitiendo la Primera Terminación y saltando a la Segunda Terminación.

76. Altos vuelos

HISTORIA

La **música folclórica japonesa** en actualidad tiene sus orígenes en la antigua China. "Sakura, Sakura" se interpretaba con instrumentos como el **koto**,un instrumento de 13 cuerdas con más de 4000 años de antigüedad, y también con el **shakuhachi** o flauta de bambú. El sonido único de esta antigua melodía japonesa se debe a la secuencia pentatónica (o secuencia de cinco notas) utilizada en este sistema tonal.

77. Sakura, sakura – arreglo de banda

Canción folclórica japonesa
Arr. por John Higgins

78. Sobre la azotéa
Allegro
mf
Revisa la armadura
1.
2.
f
79. Alegre viejo San Nicolas – dúo
Moderato
A
B
mf
1.
2.
Consulte la página 9 para música navideña adicional, Mi dreydl y Cascabeles.
80. La gran corriente de aire – nota nueva
Do
Do
81. Tema de vals (Vals de la viuda alegre)
Franz Lehar
Moderato
mf
f
© Glocken Verlag Ltd., London Reproduced by Permission
82. Tiempo de aire – nota nueva
Fa
Fa
83. Allá por la estación
Allegro
mf
84. Essential Elements: Prueba
Moderato
mf
f
p
85. Creatividad Esencial Usando estas notas, improvisa tus propios ritmos:

DESARROLLADOR DE TONO *Entrenamientos para tono y técnica*

86. Desarrollador de tono *Utilice un flujo de aire constante*

87. Desarrollador de ritmo

88. Ejercicios de técnica

89. Coral *adaptado de la Cantata 147*

Johann Sebastian Bach

TEORÍA

Tema y variación

Una forma musical que presenta un **tema** o melodía principal, seguido por **variaciones** o versiones alteradas del tema.

90. Variaciones sobre un tema conocido

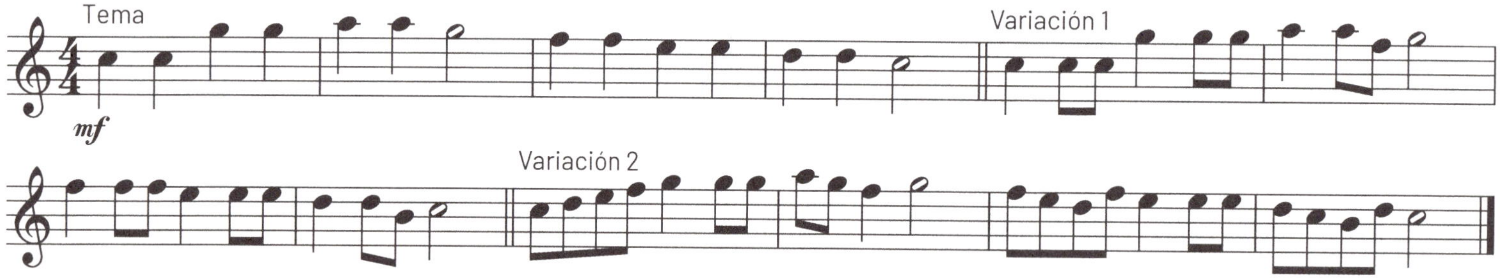

D.C. al Fine

En el **D.C. al fine** toca de nuevo desde el principio, deteniéndose en **fine**.
D.C. es la abreviación para **Da Capo** o "al principio" y **fine** significa el final.

91. Canción del barco banana

Canción folclórica caribeña

TEORÍA

Sostenido ♯

Un signo de **sostenido** eleva la altura de una nota en un semitono. La nota Fa sostenido suena un semitono más alto que Fa, y todos los Fa se convierten en Fa sostenidos durante el resto del compás en el que aparecen

92. Filo de navaja – nota nueva

93. La caja de música

HISTORIA

Las **canciones espirituales** afroamericanas se originaron en los 1700's a mediados del período de la esclavitud en Estados Unidos. Una de las categorías más grandes de la auténtica música folclórica estadounidense, estas canciones, principalmente religiosas, se cantaron y se transmitieron de generación en generación sin ser escritas. La primera colección de espirituales se publicó en 1867, cuatro años después de la promulgación de la Proclamación de Emancipación.

94. Ezekiel vió la rueda

Canción espiritual africana-americana

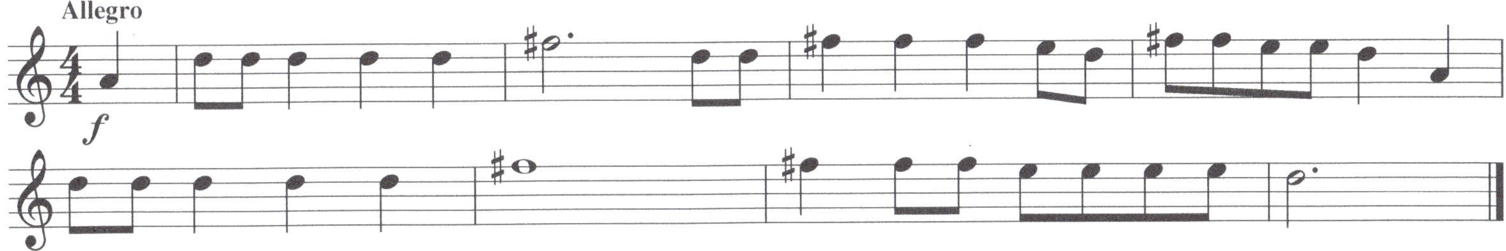

Ligadura

Una línea curva que conecta notas de diferente altura.
Articular solo la primera nota de una **ligadura**.

95. Operador hábil

96. Deslizando

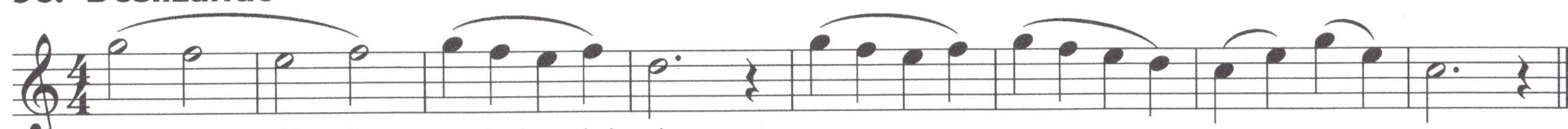

HISTORIA

El **ragtime** es un estilo musical norteamericano popular desde la década de 1890 hasta la primera guerra mundial. Esta forma temprana de jazz dio fama a pianistas como "Jelly Roll" Morton y Scott Joplin, autores de "The Entertainer" y "Maple Leaf Rag". Sorprendentemente, el estilo se incorporó a algunas obras orquestales de Igor Stravinsky y Claude Debussy. Los trombones ahora aprenden a tocar el glissando, una técnica utilizada en el ragtime y otros estilos musicales.

97. Rag de trombón

98. Essential Elements: Prueba

99. Tomar la delantera – nota nueva

TEORÍA

Frase

Una "oración" musical que comúnmente tiene 2 o 4 compases.
Trata de tocar una **frase** completa con una sola respiración.

100. El viento frío

101. Fraseología

Escribe los signos de respiración (,) entre las frases.

TEORÍA

Armadura nueva

Esta **armadura** indica la tonalidad de Sol mayor – toca todos los Fa como Fa sostenido.

Silencios de compases multiples

El número sobre en pentagrama indica cuantos compases completos requieren silencio. Contar cada compás de silencio en secuencia:

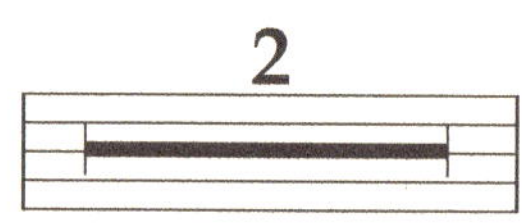

102. Latin Satinado

HISTORIA

El compositor alemán **Johann Sebastian Bach** (1685–1750) fue parte de una gran familia de músicos famosos y se convirtió en el compositor más reconocido de la época barroca. Comenzando como miembro del coro, Bach pronto se convirtió en organista, profesor y compositor prolífico, que escribió más de *600 obras* maestras. Este Minueto, o danza en compás de 3/4, fue escrita como una pieza didáctica para su uso con una forma temprana del piano.

103. Minuet – dúo

Johann Sebastian Bach

104. Creatividad Esencial

Esta melodía se puede tocar en 3/4 o 4/4. Dibuja a lápiz cualquiera de las dos compases, dibuja las líneas divisorias y toca la canción. Ahora borra las líneas divisorias y prueba con el otro compás. ¿Suenan diferentes las frases?

TEORÍA

Becuadro ♮

Un signo de **becuadro** anula un bemol (♭) o un sostenido (♯) y permanece vigente durante todo el compás.

105. Naturalmente

HISTORIA

El compositor austriaco **Franz Peter Schubert** (1797–1828) vivió una vida más corta que cualquier otro gran compositor, pero creó una increíble cantidad de música: más de 600 canciones artísticas (música de concierto para voz y acompañamiento), diez sinfonías, música de cámara, óperas, obras corales y piezas para piano. Su "Marcha militar" fue originalmente un dúo de piano.

106. Marcha militar – nota nueva

Franz Schubert

HISTORIA

El **boogie-woogie** es un estilo de **blues**, y fue grabado por primera vez por el pianista Clarence "Pine Top" Smith en 1928, un año después del vuelo en solitario de Charles Lindbergh a través del Atlántico. La música blues, como una forma de jazz, presenta notas alteradas y generalmente se escribe en versos de 12 compases, como "Boogie del bajo de abajo".

109. Boogie del bajo de abajo – dúo

Notas negras con puntillo y corcheas

RENDIMIENTO DESTACADO

Solo con Acompañamiento de Piano

Puedes realizar este solo con o sin un pianista acompañante. Tócalo para la banda, la escuela o tu familia. Este pasaje forma parte de la **Sinfonía #9 ("Del Mundo Nuevo")** del compositor checo **Antonin Dvorák** (1841-1904). Él escribió la obra mientras visitaba Estados Unidos en 1893, y se inspiró para incluir melodías de canciones folclóricas y espirituales estadounidenses. Este es el tema Largo (o "tempo muy lento").

118. Tema de "Sinfonía del nuevo mundo"

Antonin Dvorák

Los grandes músicos animan a sus compañeros intérpretes. En esta página, los clarinetistas aprenden el registro superior de sus instrumentos en los "Saltos de gorila granadilla" (llamado así por la madera de granadilla utilizada para hacer clarinetes). Los músicos de instrumentos metales aprenden las ligaduras de labios, un nuevo patrón de calentamiento. El éxito de tu banda depende del esfuerzo y el estímulo de todos.

119. Salto de gorila granadilla n.° 1

120. Saltando arriba y abajo

121. Salto de gorila granadilla n.° 2

122. Saltando con alegría

123. Salto de gorila granadilla n.° 3

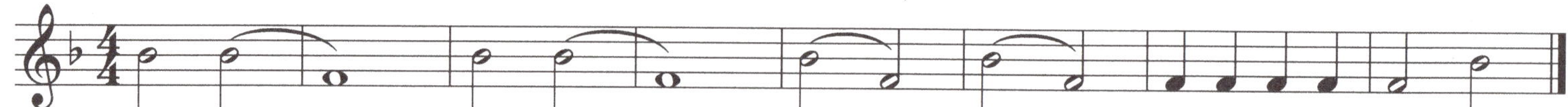

124. Saltos de tijera

TEORÍA

Intervalo

La distancia entre dos tonos es un **intervalo**. Comenzando con "1" en la nota más baja, cuenta cada línea y espacio entre las notas. El número de la nota más alta es la distancia del intervalo.

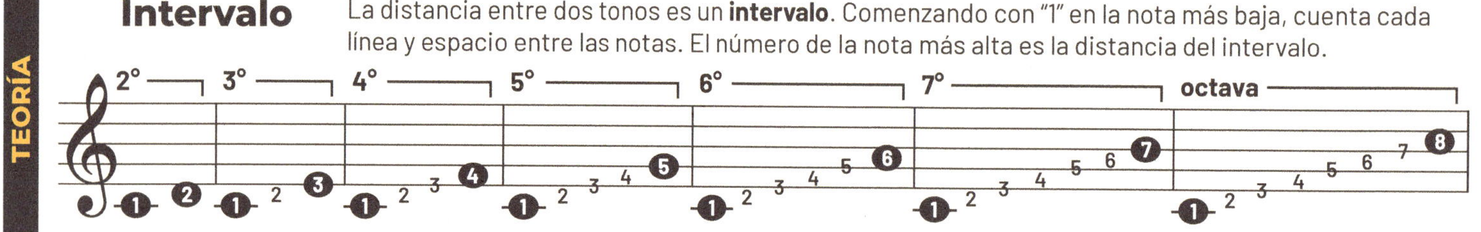

125. Essential Elements: Prueba

Escribe los números de los intervalos, contando hacia arriba desde las notas más bajas.

Canciones adicionales están disponibles en línea. Consulte la portada interior para obtener más detalles.

126. Salto de gorila granadilla n.° 4

127. Tres es la cuenta

128. Salto de gorila granadilla n.° 5 – nota nueva

129. Ejercicios de técnica

130. Cruzando

Trío

Un **trío** es una composición con tres partes tocadas juntas.
Practica este trío con otros dos músicos y escucha la armonía a 3 voces.

131. Kum bah yah – trío *Compruebe siempre la armadura*

Canción folclórica africana

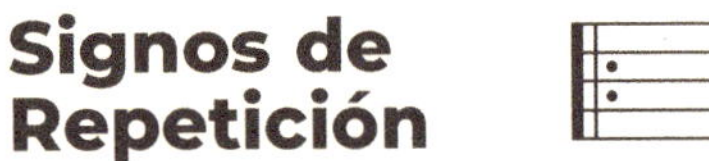

Signos de Repetición

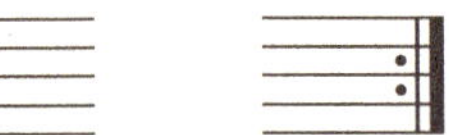

Repite la sección de música encerrada por los **signos de repetición**. (Si se usan terminaciones 1ª y 2ª, se tocan como de costumbre, pero se vuelve a la primera señal de repetición, no al principio).

132. Michael rema el bote hasta la orilla

Canción folclórica africana

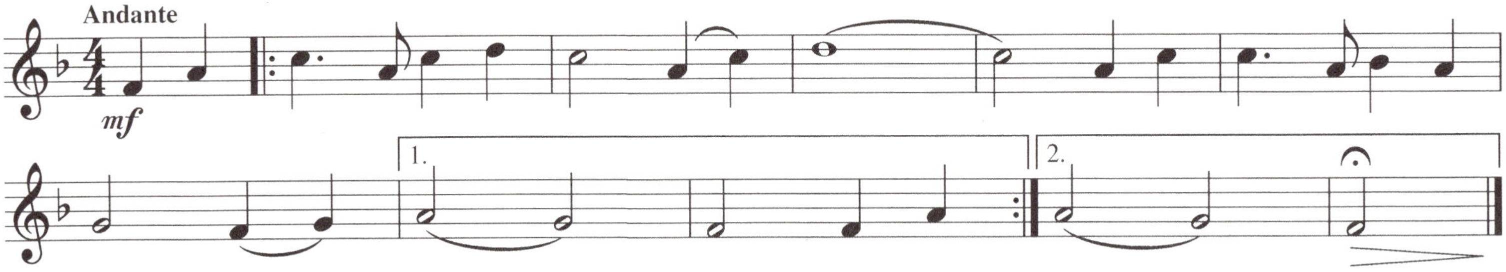

Andante
mf
1.
2.

133. Vals austríaco

Canción folclórica austriaca

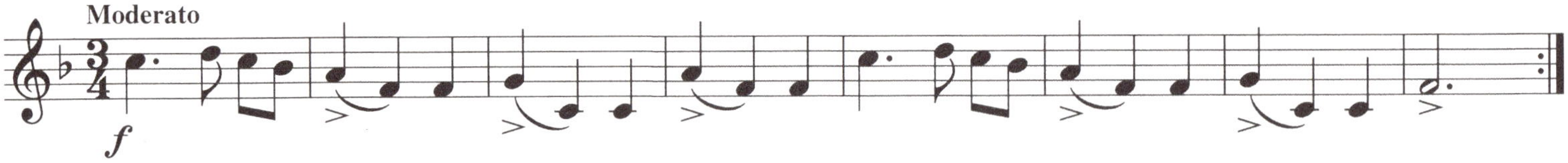

Moderato
f

134. Bahía botánica

Canción folclórica australiano

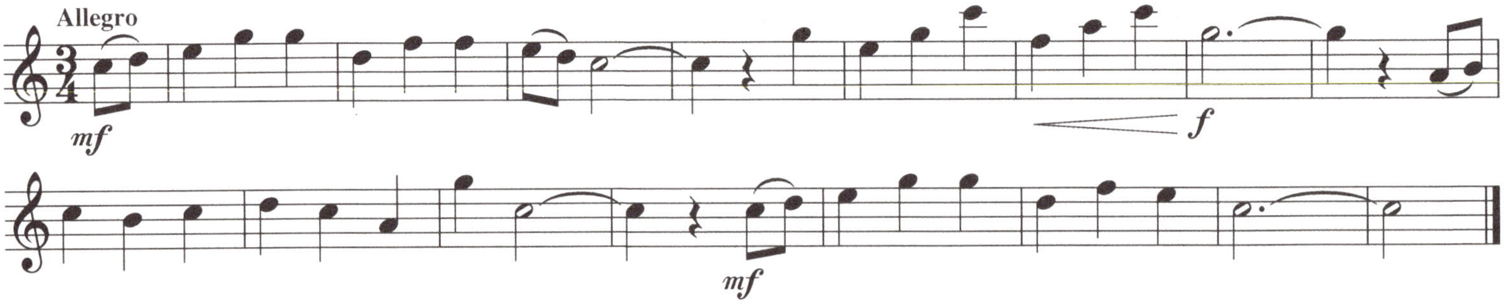

Allegro
mf
f
mf

TEORÍA

C Compás

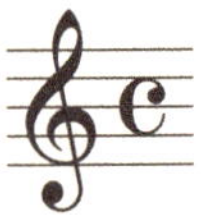

= **Tiempo común** (igual a $\frac{4}{4}$)

Dirigiendo

Practica dirigir este patrón de cuatro pulsos

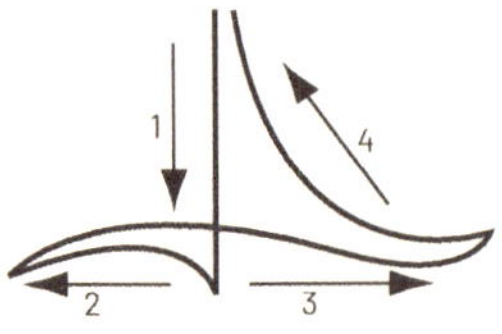

1
2
3
4

135. Ejercicios de técnica

Practica este ejercicio en todos los niveles dinámicos.

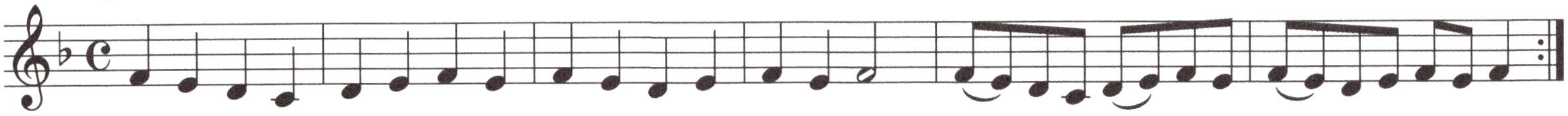

136. Finlandia

Jean Sibelius

Andante
p
mf
p
1.
2.

137. Creatividad Esencial

Crea tus propias variaciones dibujando un punto y una bandera para cambiar el ritmo de cualquier compás de

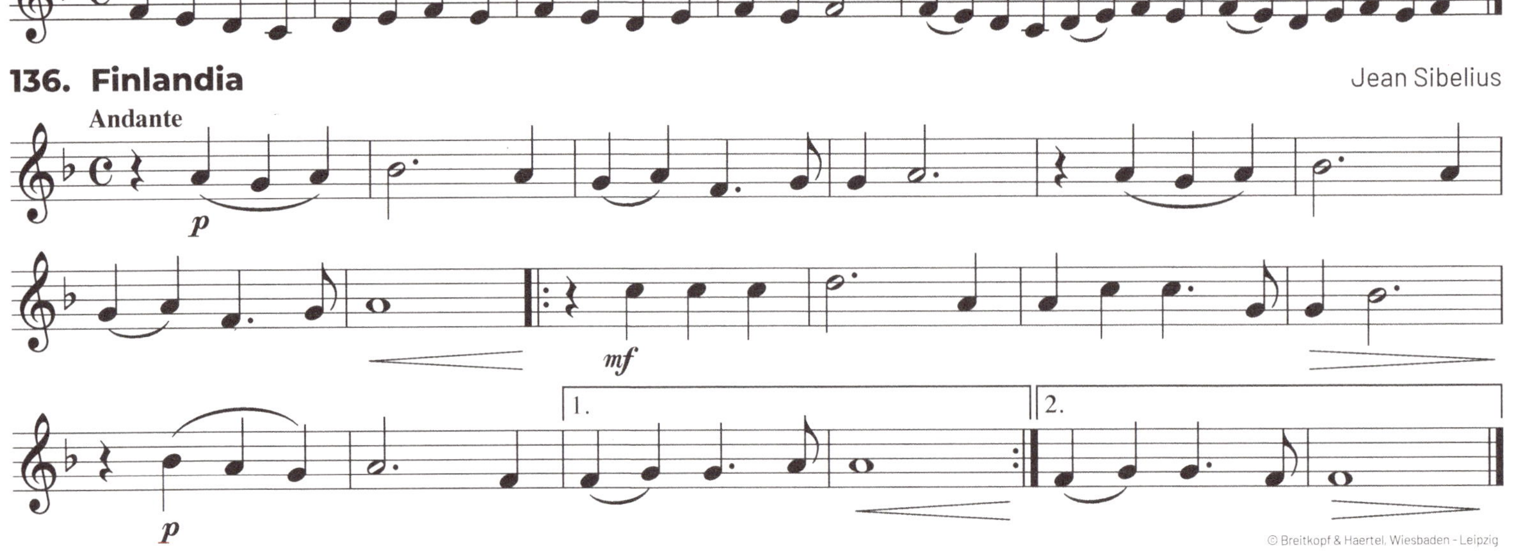

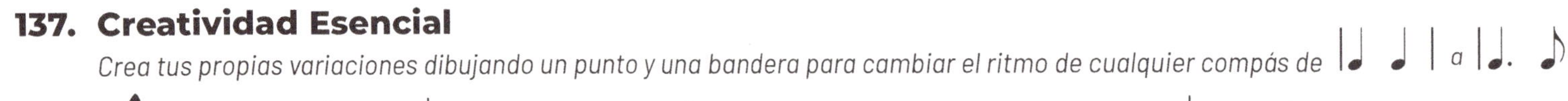

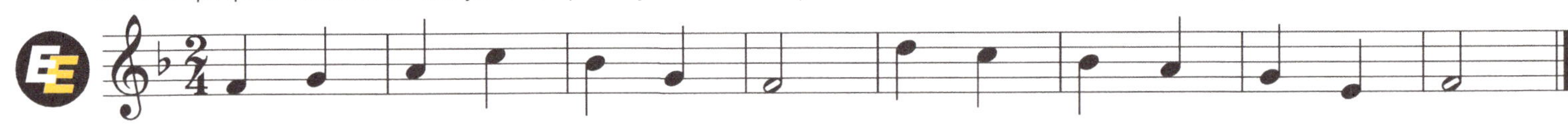

138. Saltos fáciles de gorila

139. Ejercicios de técnica *Compruebe siempre la armadura.*

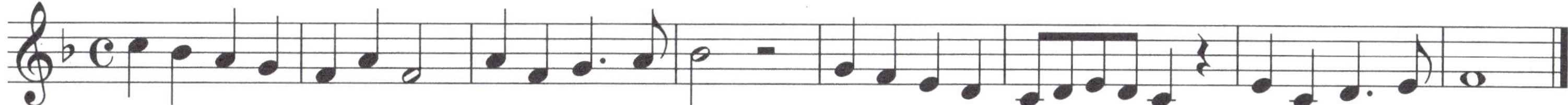

140. Otro ejercicio de técnica

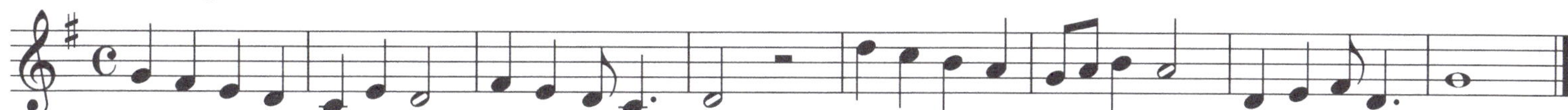

141. Canción alemana folclórica

142. Cuando los santos vuelven a marchar

James Black y Katherine Purvis

143. Paseo de los gorila de tierra-baja

144. Navegación tranquila

145. Más saltos de gorila

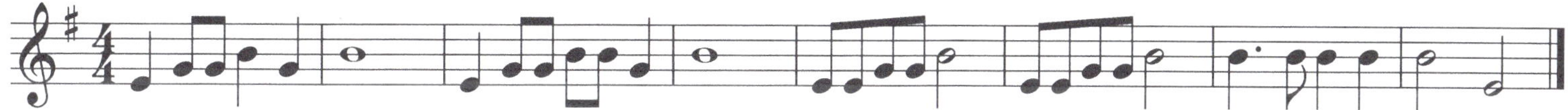

146. Cobertura total

Usa la digitación alternativa para el Do.

TEORÍA

Escala

Una **escala** es una secuencia de notas en orden ascendente o descendente. Como una "escalera" musical, cada peldaño es la siguiente nota consecutiva de la tonalidad. Esta escala está en tu tonalidad de Do (sin sostenidos ni bemoles), por lo que la nota más alta y la más baja son ambas Do. El intervalo entre los Do es una octava.

147. Escala de Si bemol (Saxofón Tenor – escala de Do)

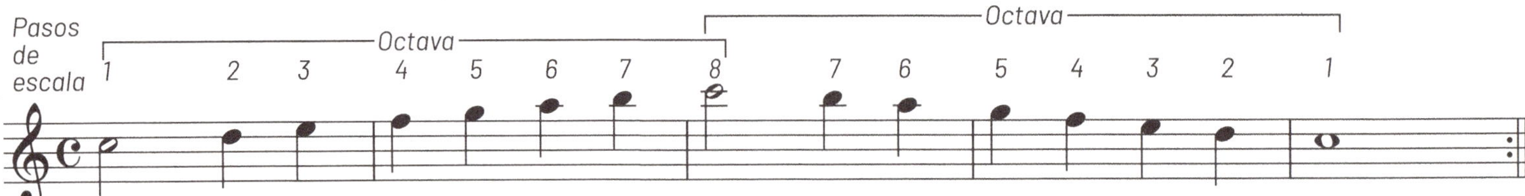

TEORÍA

Acorde y Arpegios

Cuando se tocan dos o más notas al mismo tiempo, se forma un acorde o una armonía. Este acorde de Do se construye a partir del 1.º, 3.º y 5.º escalón de la escala de Do. El 8.º escalón es igual que el 1.º, pero una octava más alto. Un arpegio es un acorde "descompuesto" cuyas notas se tocan individualmente.

148. En armonía

Divida las notas de los acordes entre los miembros de la banda y tóquenlos juntos. ¿Suena el arpegio como un acorde?

149. Escala y arpegio

HISTORIA

El compositor austriaco **Franz Josef Haydn** (1732-1809) escribió 104 sinfonías. Muchas de estas obras tenían apodos e incluían efectos brillantes y únicos para su época. Su *sinfonía N.º 94* fue llamada "La sinfonía sorpresa" porque el suave segundo movimiento incluía una dinámica repentina y fuerte, destinada a despertar a un público a menudo adormecido. Presta atención especial a la dinámica cuando toques este famoso tema.

150. Tema de la Sinfonía sorpresa

Franz Josef Haydn

151. Essential Elements: Prueba – Las calles de Laredo

Canción folclórica estadounidense

Escribe los nombres de las notas antes de tocar

RENDIMIENTO DESCATADO

152. Espíritu escolar – arreglo de banda

W.T. Purdy
Arr. por John Higgins

Soli

Mientras tocando música indicado como **Soli**, eres parte de un "solo" para un grupo entero. Escucha cuidadosamente durante "Carnaval de Venezia" e identifica el nombre de los instrumentos que tocan la parte del Soli en cada compás indicada.

153. Carnaval de Venezia – arreglo de banda

Julius Benedict
Arr. por John Higgins

Allegro

mf f 5 mf

Soli 13

fin del Soli 21 7 *Soli* 29 f

fin del Soli

37 7 45 p mf

f

CALENTAMIENTOS DIARIOS

EJERCICIOS PARA TONO Y TÉCNICA

154. Desarrollador de registro y flexibilidad

155. Ejercicios de técnica

156. Coral

Johann Sebastian Bach

HISTORIA

La melodía tradicional hebrea "Hatikvah" ha sido el himno nacional de Israel desde el inicio de la nación. En la declaración de estado de 1948, fue cantada por la asamblea reunida durante la ceremonia de apertura y fue interpretada por miembros de la Orquesta Sinfónica de Palestina al concluir.

157. Hatikvah

Himno nacional israelí

Nota corchea y silencio de corchea

♪ = 1/2 pulso de sonido
𝄾 = 1/2 pulso de silencio

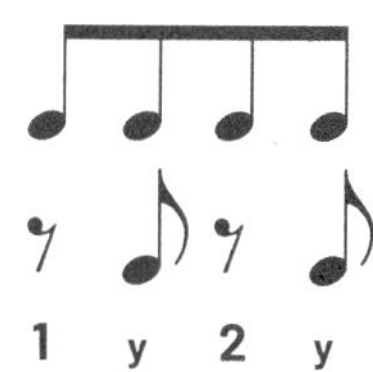

158. Rap de ritmo

159. Marcha de corcheas

160. Minuet

Johann Sebastian Bach

161. Rap de ritmo

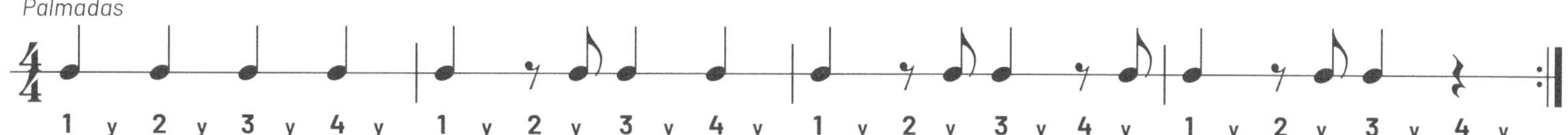

162. Corcheas después del pulso

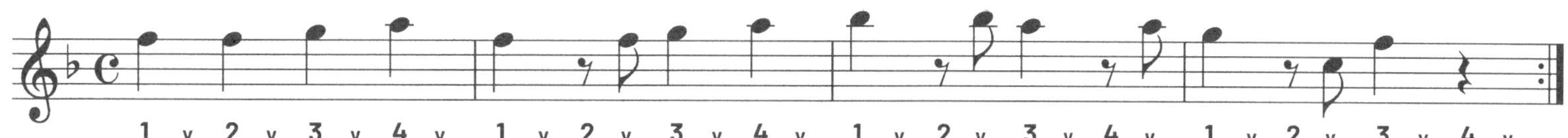

163. Corcheas revueltas

164. Essential Elements: Prueba

165. Melodía de baile – nota nueva

HISTORIA

El compositor y director de orquesta estadounidense **John Phillip Sousa** (1854-1892) escribió 136 marchas. Conocido como "El rey de la marcha". Sousa escribió *The Stars and Stripes Forever, Semper Fidelis, The Washington Post* y muchas otras obras patrióticas. La banda de Sousa tocó en todo el país, y su fama ayudó aumentar la popularidad de las bandas en Estados Unidos. Aquí hay una melodía de su famosa opereta y marcha *El capitán*:

166. El capitán

John Philip Sousa

HISTORIA

O Canadá, anteriormente conocido como "la canción nacional", se representó por primera vez en el año 1880 en el Canadá Francés. Robert Stanley Weir tradujo la versión ingles en el año 1908, pero la canción no fue adoptada como el himno nacional de Canadá hasta el año 1980, cien años después de su estreno.

167. O Canadá

Calixa Lavallee,
l'Hon. Judge Routhier y Justice R.S. Weir

168. Essential Elements: Prueba – Meter mania

Contar y palmadas antes de tocar. ¿Puedes dirigir esto?

Enarmónicos

Dos notas que están escritas de manera diferente, pero suenan igual (y tocadas con la misma digitación) se llaman **enarmónicas**. La tabla de digitación de las páginas 46 y 47 muestra las digitaciones de las notas enarmónicas de tu instrumento.

En el teclado de un piano, cada tecla negra es a la vez un bemol y un sostenido.

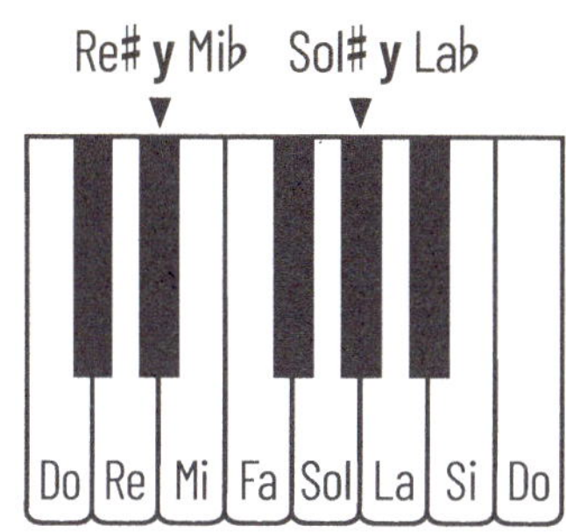

TEORÍA

169. Encantador de serpientes

Las notas enarmónicas usan la misma digitación.

170. Sombras oscuras

171. Encuentros cercanos

Las notas enarmónicas usan la misma digitación.

172. March slav

Peter Ilyich Tchaikovsky

173. Notas disfrazadas

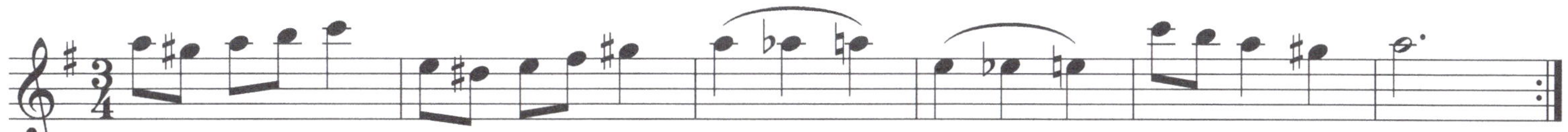

Notas cromáticas

Las **notas cromáticas** se alteran con sostenidos, bemoles y signos naturales que no están en la armadura. La distancia más pequeña entre dos notas es un semitono, y una escala formada por semitonos consecutivos se denomina **escala cromática**.

TEORÍA

174. Paseando en medio-pasos

HISTORIA

El compositor francés **Camille Saint-Saëns** (1835-1921) escribió música para prácticamente todos los medios: óperas, suites, sinfonías y obras de cámara. La "Danza egipcia" es uno de los temas principales de su famosa ópera *Sansón y Dalila*. La ópera fue escrita el mismo año en que Thomas Edison inventó el fonógrafo, 1877.

175. Danza egipcia *Esté atento a los enarmónicos.*

Camille Saint-Saëns

176. Barco de luna plata

Canción folclórica

HISTORIA

El compositor alemán **Ludwig van Beethoven** (1770-1827) es considerado uno de los más grandes compositores del mundo, a pesar de quedar completamente sordo en 1802. Aunque no podía escuchar su música de la manera en que nosotros podemos, podía "escucharla" en su mente. Como testimonio de su grandeza, su Sinfonía n.º 9 (p. 13) se interpretó como final de la ceremonia que celebró la reunificación de Alemania en 1990. Este es el tema de su Sinfonía n.º 7, segundo movimiento.

177. Tema de la Sinfonía n.° 7 – dúo

Ludwig van Beethoven

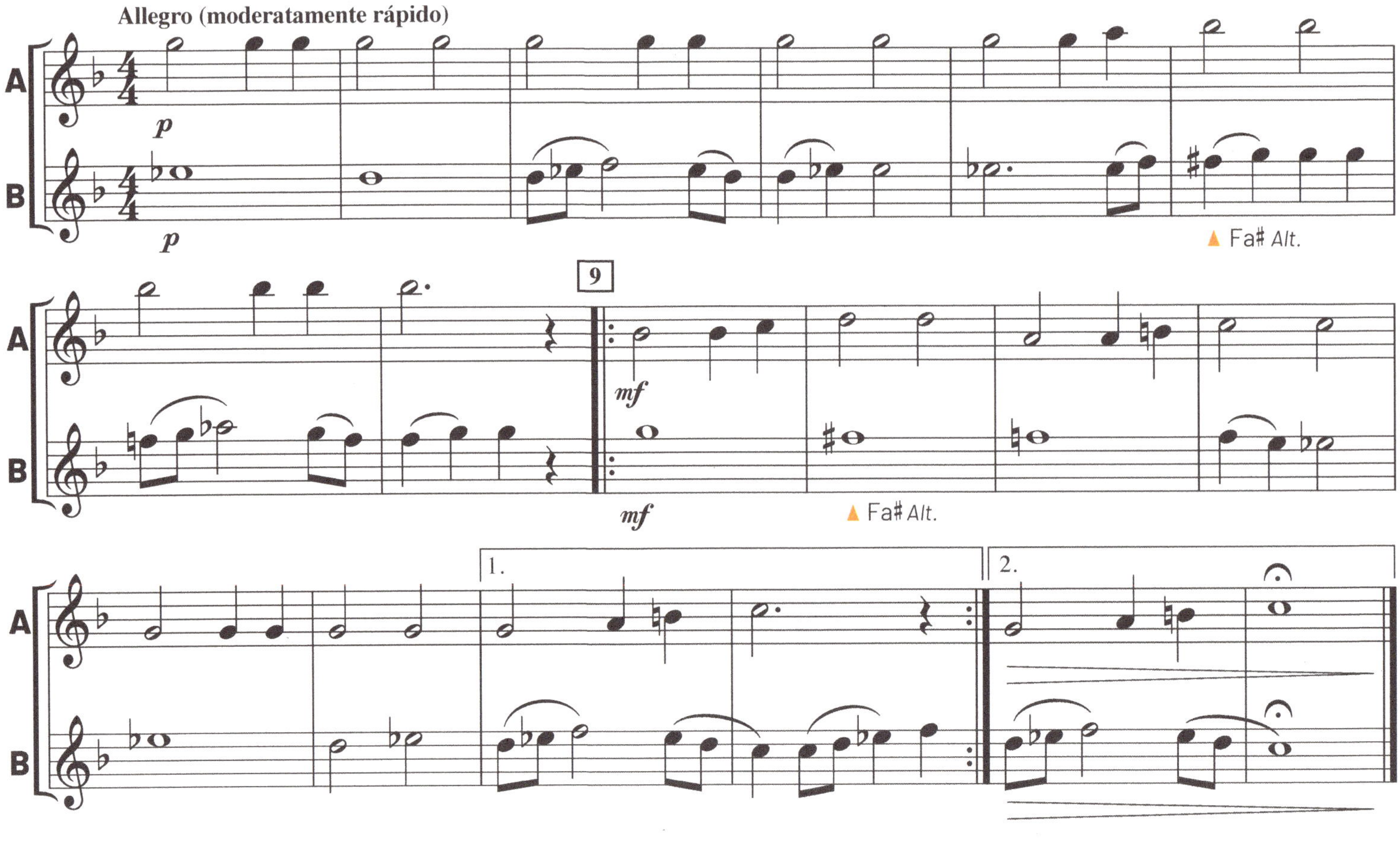

Allegro (moderatamente rápido)

A
B
p
p
▲ Fa♯ *Alt.*
9
mf
mf
▲ Fa♯ *Alt.*
1.
2.

El compositor ruso **Peter Ilyich Tchaikovsky** (1840-1893) escribió seis sinfonías y cientos de otras obras, entre ellas el ballet *El Cascanueces*. Fue un maestro en la composición de brillantes arreglos de música folclórica, y sus melodías originales se encuentran entre las más populares de todos los tiempos. Su *Obertura de 1812* y *Capriccio Italien* fueron escritas en 1880, un año después de que Thomas Edison desarrollara la bombilla eléctrica.

HISTORIA

Canciones adicionales están disponibles en línea. Consulte la portada interior para obtener más detalles.

RENDIMIENTO DESCATADO

182. America la bella – arreglo de banda

Samuel A. Ward
Arr. por John Higgins

183. La cucaracha – arreglo de banda

Canción folclórica latinoamericana
Arr. por John Higgins

RENDIMIENTO DESCATADO

184. Tema de la Obertura de 1812 – arreglo de banda

Peter Ilyich Tchaikovsky
Arr. por John Higgins

Allegro

f

p *f* *p*

10

18

4

mf *f*

26

34

42

RENDIMIENTO DESCATADO

Solo con Acompañamiento de piano

Actuar frente a una audiencia es una parte emocionante de participar en la música. Este solo está basado en la *Sinfonía n.º 1* del compositor alemán **Johannes Brahms** (1833-1897). Él completó su primera sinfonía en 1876, el mismo año en que Alexander Graham Bell inventó el teléfono. Tú y un acompañante al piano pueden interpretarlo para la banda o en otros eventos escolares y comunitarios.

185. Tema de Sinfonía n.º 1 – Solo *(version de Si bemol)*

Johannes Brahms
Arr. por John Higgins

DÚOS

Esta es una oportunidad para reunirse con un amigo y disfrutar tocando música. El otro estudiante no tiene que tocar el mismo instrumento que tú. Intenta que coincidan exactamente con respeto al ritmo, las notas y la calidad del tono. Eventualmente, puede comenzar a sonar como si las dos partes están siendo interpretadas por una sola persona! Más tarde, intente intercambiar las partes.

186. Baja suave, dulce carroza – Dúo

Canción espiritual africana-americana

187. La bamba – Dúo

Canción folclórica mexicana

ESTUDIOS DE ESCALA Y ARPEGIOS DE RUBANK

Saxofón Tenor – Nota Do (Si bemol en concierto)

1.

2.

3.

4.

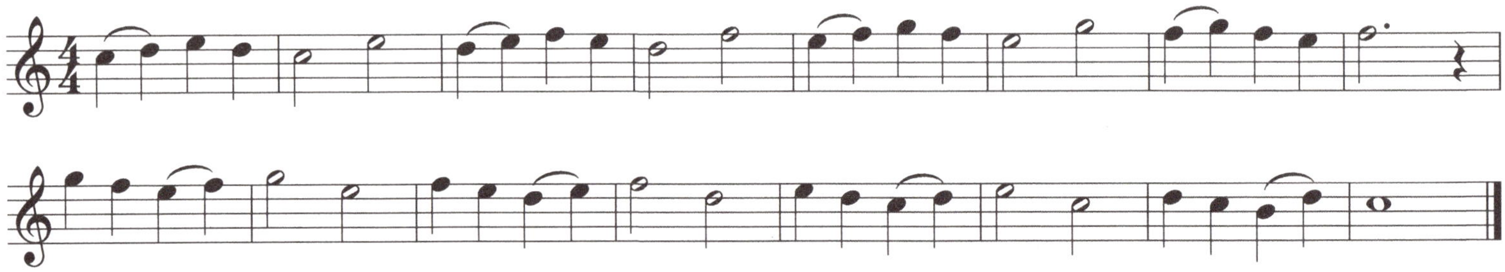

Saxofón Tenor – Tonalidad de Fa (Mi bemol en concierto)

En esta armadura, toca todos los Si bemoles.

1.

2.

3.

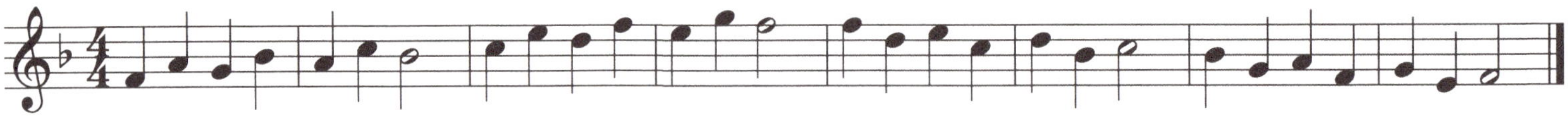

4.

ESTUDIOS DE ESCALA Y ARPEGIOS DE RUBANK

Saxofón Tenor – Tonalidad de Sol (Fa en concierto)

En esta armadura, toca todos los Fa como Fa sostenido (F♯).

1.

2.

3.

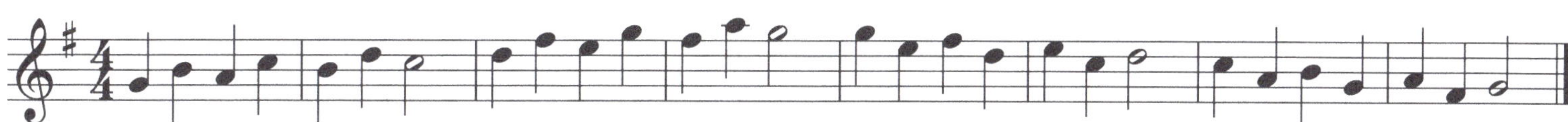

4.

Saxofón Tenor – Tonalidad de Si bemol (La bemol en concierto)

En esta armadura, toca todos los Si y Mi como bemol (Si♭ y Mi♭).

1.

2.

3.

4.

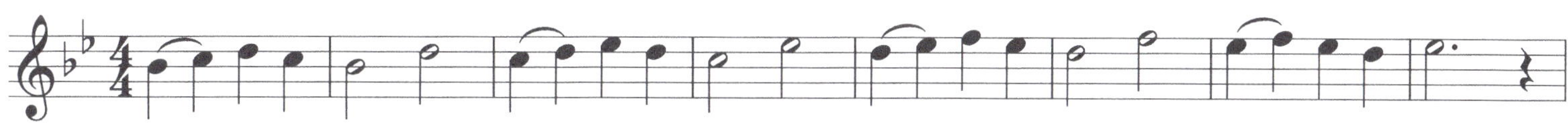

ESTUDIOS DE RITMO

ESTUDIOS DE RITMO

CREANDO MÚSICA

TEORÍA

Composición

Composición es el arte de crear música original. Usualmente empieza creando una melodía que consiste de varias **frases**, como breves oraciones musicales. Algunas melodías tienen frases que parecen responderle a las frases que parecen presentar una pregunta, como en las obra de Beethoven *"Ode To Joy"*. Toca esta melodía y escucha como las frases 2 y 4 dan respuestas un poco variadas a la misma pregunta (frase 1 y 3).

1. Oda a la alegría

Ludwig van Beethoven

2. P. y R. *Escribe tu propia frase de "respuesta" en esta melodía*

3. Desarolladores de frases *Escribe 4 frases diferentes usando los ritmos debajo de cada pentagrama.*

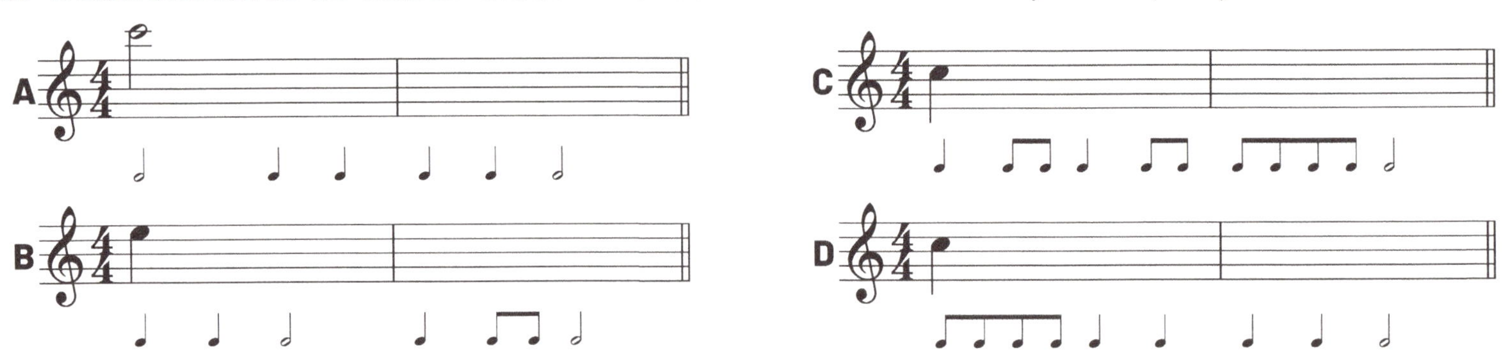

4. Créa su proprio título: ______________________________

Escoge la frase A, B, C o D de arriba y escríbela como la "Pregunta" para las frases 1 y 3 debajo.
Luego escribe 2 respuestas diferentes para las frases 2 y 4.

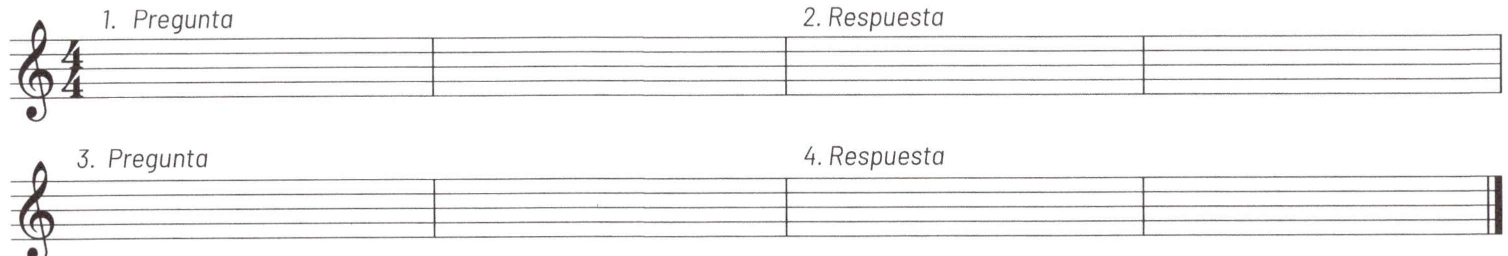

Improvisación

La improvisación es el arte de crear libremente tu propia melodía mientras tocas. Usa estas notas para tocar tu propia melodía (Línea A), para tocar con el acompañamiento (Línea B).

5. Melodía instante

Puedes marcar tu progreso a través del libro en esta página.
Rellena las estrellas según las instrucciones del director de la banda.

1. Página, 2-3 Los básicos
2. Página 5, EE prueba, n.º 13
3. Página 6, EE prueba, n.º 19
4. Página 7, EE prueba, n.º 26
5. Página 8, EE prueba, n.º 32
6. Página 10, EE prueba, n.º 45
7. Página 12-13, rendimiento destacado
8. Página 14, EE prueba, n.º 65
9. Página 15, creatividad esencial, n.º 72
10. Página 17, EE prueba, n.º 84
11. Página 17, creatividad esencial, n.º 85
12. Página 19, EE prueba, n.º 98
13. Página 20, creatividad esencial, n.º 104
14. Página 21, n.º 109
15. Página 22, EE prueba, n.º 117
16. Página 23, rendimiento destacado
17. Página 24, EE prueba, n.º 125
18. Página 26, creatividad esencial
19, Página 28, n.º 149
20. Página 28, EE prueba, n.º 151
21. Página 29, rendimiento destacado
22. Página 31, EE prueba, n.º 164
23. Página 32, EE prueba, n.º 168
24. Página 33, n.º 174
25. Página 35, EE prueba, n.º 181
26. Página 36, rendimiento destacado
27. Página 37, rendimiento destacado
28. Página 38, rendimiento destacado

Música – un elemento esencial de la vida

TABLA DE DIGITACIONES Saxofón Tenor en Si♭

Recordatorias Para el Cuidado el Instrumento

Antes de guardar tu instrumento en su estuche después de tocar, haz lo siguiente:

- Retira la caña, limpia la humedad sobrante y guárdala en su estuche para cañas.
- Quita la boquilla y límpiala por dentro con un paño limpio. Una vez por semana, lávala con agua tibia del grifo y sécala completamente.
- Afloja el tornillo del tudel y retíralo. Sacude el exceso de humedad y sécalo con un limpiador de tudel.
- Deja caer el peso de una gamuza o hisopo de algodón por la campana. Tira del paño a través del cuerpo del instrumento varias veces. Luego, guarda el instrumento en su estuche.
- Tu estuche está diseñado para contener solo objetos específicos. Si intentas meter otras cosas a la fuerza, podrías dañar el instrumento.

○ = abierto

● = presionado

La digitación más común aparece primero cuando se muestran dos digitaciones.

Instrumentos y fotografías cortesía de Yamaha.

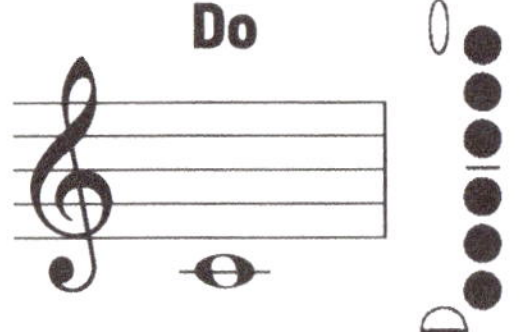

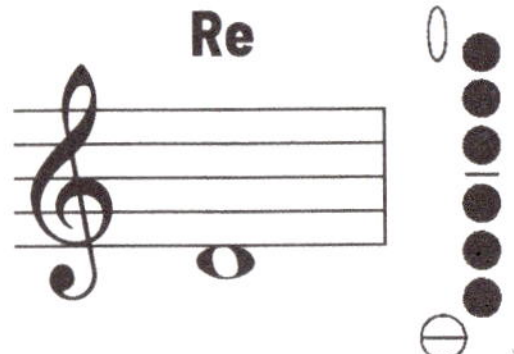

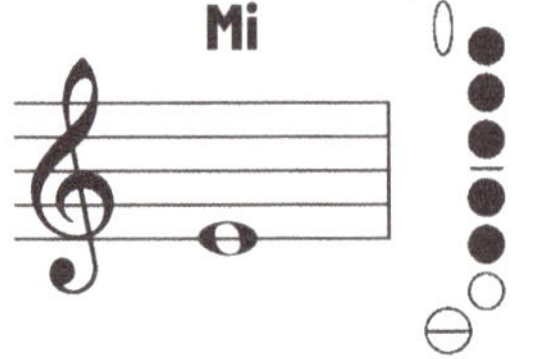

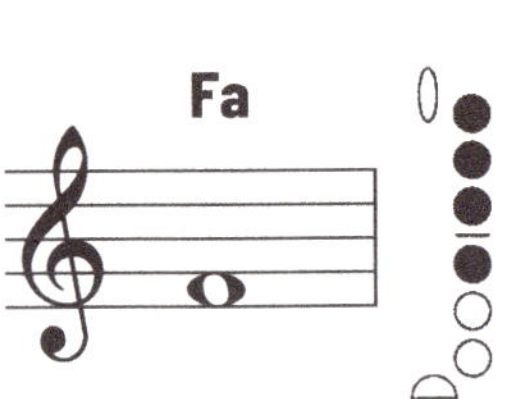

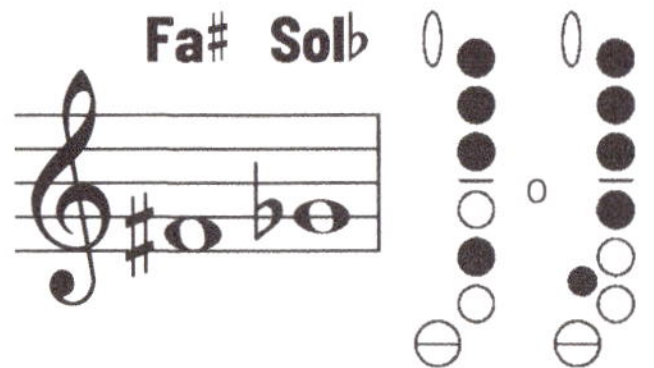

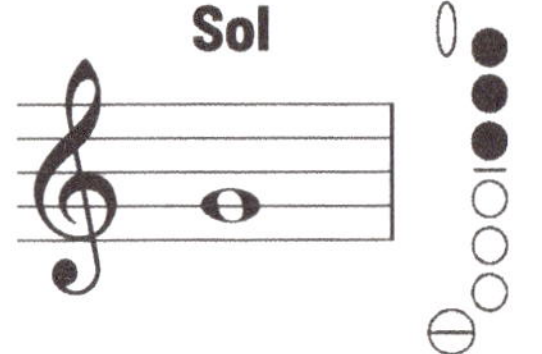

TABLA DE DIGITACIONES Saxofón Tenor en Si♭

Índice de referencia

Definiciones (páginas)

Compositores

Música del mundo